BARÊME

DES

PENSIONS INDOCHINOISES

ETABLIS PAR

Nguyễn-sĩ-Tuấn | Cao-văn-Nhu

Trésorerie de l'Indochine

Montant trimestriel des Pensions avec conversion en piastres au taux de 3ᶠ00 et aux taux de 12ᶠ05 à 13ᶠ00.

Montant de l'abondement en piastres convertis en francs aux taux 12ᶠ05 à 13ᶠ00.

Publication autorisée par lettre nº 74ᴮ du 21 avril 1928 de M. Le Résident Supérieur en Annam.

Décomptes établis conformément aux prescriptions de la circulaire nº 76ᴬ du 12 mars 1912 de M. Le Gouverneur Général de l'Indochine.

HUÉ

Imprimerie TIÊNG-DAN

Rue Đồng-Ba

1928

Voici un instrument de travail à l'usage des Comptables de l'Indochine.

Je ne saurai trop recommander le barème de *M. M. Nguyên-Si-Tuân et Cao-Van-Nhu* à tous ceux qui ont à s'occuper des pensions et aux pensionnés eux-mêmes à qui il permettra de trouver rapidement les sommes qui leur sont dues.

Ce travail clair et précis facilitera la tâche de tous les Payeurs en leur évitant un travail long et fastidieux.

Je profite de l'occasion qui m'est donnée pour féliciter chaleureusement les Auteurs de leur esprit d'initiative et pour les encourager à continuer dans cette voie en facilitant le travail de leurs collègues.

Le Trésorier Payeur,

Signé : **D'ENCAUSSE de GANTIES.**

BARÊME DES PENSIONS

MONTANT TRIMESTRIEL DES PENSIONS en francs	en piastres abondé au taux de 3/00	en piastres au taux du jour de paiement	ABONDEMENT Différence entre le montant en piastres payé au taux du jour et celui de 3/00	MONTANT en francs de l'abondement
9 00	3 00	0 75	2 25	27 11
11 25	3 75	0 93	2 82	33 98
12 25	4 08	1 02	3 06	36 87
13 50	4 50	1 12	3 38	40 72
18 00	6 00	1 49	4 51	54 34
19 50	6 50	1 62	4 88	58 80
23 25	7 75	1 93	5 82	70 13
25 75	8 58	2 14	6 44	77 60
27 00	9 00	2 24	6 76	81 45
28 25	9 42	2 34	7 08	85 31
29 25	9 75	2 43	7 32	88 20
30 00	10 00	2 49	7 51	90 49
31 50	10 50	2 61	7 89	95 07
34 75	11 58	2 88	8 70	104 83
36 00	12 00	2 99	9 01	108 57
37 12	12 37	3 08	9 29	111 94
37 50	12 50	3 11	9 39	113 14
38 50	12 83	3 20	9 63	116 04
39 00	13 00	3 24	9 76	117 50
42 25	14 08	3 51	10 57	127 36
44 06	14 69	3 66	11 03	132 91
44 75	14 92	3 71	11 21	135 08
45 00	15 00	3 73	11 27	135 80
46 50	15 50	3 86	11 64	140 26
48 75	16 25	4 05	12 20	147 01
50 50	16 83	4 19	12 64	152 31
51 00	17 00	4 23	12 77	153 87
51 50	17 17	4 27	12 90	155 44
51 75	17 25	4 29	12 96	156 16
52 00	17 33	4 32	13 01	156 77
52 25	17 42	4 34	13 08	157 61
52 50	17 50	4 36	13 14	158 33
52 75	17 58	4 38	13 20	159 06
53 00	17 67	4 40	13 27	159 90
53 25	17 75	4 42	13 33	160 62
53 50	17 83	4 44	13 39	161 34
53 75	17 92	4 46	13 46	162 19
54 00	18 00	4 48	13 52	162 91
54 25	18 08	4 50	13 58	163 63
54 50	18 17	4 52	13 65	164 48
54 75	18 25	4 54	13 71	165 20
55 00	18 33	4 56	13 77	165 92
55 25	18 42	4 59	13 83	166 65
55 50	18 50	4 61	13 89	167 37
55 75	18 58	4 63	13 95	168 09
56 00	18 67	4 65	14 02	168 94
56 25	18 75	4 67	14 08	169 66
56 50	18 83	4 69	14 14	170 38
56 75	18 92	4 71	14 21	171 23
57 00	19 00	4 73	14 27	171 93
57 25	19 08	4 75	14 33	172 67
57 50	19 17	4 77	14 40	173 52
57 75	19 25	4 79	14 46	174 24
58 00	19 33	4 81	14 52	174 96
58 25	19 42	4 83	14 59	175 80
58 50	19 50	4 85	14 65	176 53
58 75	19 58	4 88	14 70	177 13
59 00	19 67	4 90	14 77	177 97
59 25	19 75	4 92	14 83	178 70
59 50	19 83	4 94	14 89	179 42
59 75	19 92	4 96	14 96	180 26
60 00	20 00	4 98	15 02	180 99
60 75	20 25	5 04	15 21	183 28
61 00	20 33	5 06	15 27	184 00
61 25	20 42	5 08	15 34	184 84
61 50	20 50	5 10	15 40	185 57
61 75	20 58	5 12	15 46	186 29
62 00	20 67	5 15	15 52	187 01
62 50	20 83	5 19	15 64	188 46
63 00	21 00	5 23	15 77	190 02
63 25	21 08	5 25	15 83	190 75
63 50	21 17	5 27	15 90	191 39
63 75	21 25	5 29	15 96	192 31
64 00	21 33	5 31	16 02	193 04
64 25	21 42	5 33	16 09	193 88
64 50	21 50	5 35	16 15	194 60
64 75	21 58	5 37	16 21	195 33
65 00	21 67	5 39	16 28	196 17
66 00	22 00	5 48	16 52	199 06
66 50	22 17	5 52	16 65	200 63
68 25	22 75	5 66	17 09	205 93
68 50	22 83	5 68	17 15	206 65
68 75	22 92	5 71	17 21	207 38
69 50	23 17	5 77	17 40	209 67
70 75	23 58	5 87	17 71	213 40
71 00	23 67	5 89	17 78	214 24
72 00	24 00	5 98	18 02	217 14
73 00	24 33	6 06	18 27	220 15
73 50	24 50	6 10	18 40	221 72
76 25	25 42	6 33	19 09	230 03
76 75	25 58	6 37	19 21	231 48
77 25	25 75	6 41	19 34	233 04
78 00	26 00	6 47	19 53	235 33
80 75	26 92	6 70	20 22	243 65
81 00	27 00	6 72	20 28	244 37
81 25	27 08	6 74	20 34	245 09
82 25	27 42	6 83	20 59	248 10
83 25	27 75	6 91	20 84	251 12
83 50	27 83	6 93	20 90	251 84
83 75	27 92	6 95	20 97	252 68
84 75	28 23	7 03	21 22	255 70
85 75	28 58	7 12	21 46	258 59
87 75	29 25	7 28	21 97	264 73
88 50	29 50	7 34	22 16	267 02
88 75	29 58	7 37	22 21	267 63
89 00	29 67	7 39	22 28	268 47
90 00	30 00	7 47	22 53	271 48
90 75	30 25	7 53	22 72	273 77
91 25	30 42	7 57	22 85	275 34
92 00	30 67	7 63	23 04	277 63
92 25	30 75	7 66	23 09	278 23
92 50	30 83	7 68	23 15	278 95
93 00	31 00	7 72	23 28	280 52
94 50	31 50	7 84	23 66	285 10
96 50	32 17	8 01	24 16	291 12
97 25	32 42	8 07	24 35	293 41
97 50	32 50	8 09	24 41	294 14
98 75	32 92	8 20	24 72	297 87
99 00	33 00	8 22	24 78	298 59
100 00	33 33	8 30	25 03	301 61
101 50	33 85	8 42	25 41	306 19
102 00	34 00	8 46	25 54	307 75
102 25	34 08	8 49	25 59	308 35
102 50	34 17	8 51	25 66	309 20
103 00	34 33	8 55	25 78	310 64
103 50	34 50	8 59	25 91	312 21
104 00	34 67	8 63	26 04	313 78
104 25	34 75	8 65	26 10	314 50
104 75	34 92	8 69	26 23	316 07
105 00	35 00	8 71	26 29	316 79
105 75	35 25	8 78	26 47	318 96
106 75	35 58	8 86	26 72	321 97
107 25	35 75	8 90	26 85	323 54
108 00	36 00	8 96	27 04	325 83
108 25	36 08	8 98	27 10	326 55
108 50	36 17	9 00	27 17	327 39
113 00	37 67	9 38	28 29	340 89
114 75	38 25	9 52	28 73	346 19
115 75	38 58	9 61	28 97	349 08
116 00	38 67	9 63	29 04	349 93
116 25	38 75	9 65	29 10	350 65
117 00	39 00	9 71	29 29	352 94
120 00	40 00	9 96	30 04	361 98
125 00	41 67	10 37	31 30	377 16
126 00	42 00	10 46	31 54	380 05
126 75	42 25	10 52	31 73	382 34
127 50	42 50	10 58	31 92	384 63
127 75	42 58	10 60	31 98	385 35
128 75	42 92	10 68	32 24	388 49
135 00	45 00	11 20	33 80	407 29
136 50	45 50	11 33	34 17	411 74
137 25	45 75	11 39	34 36	414 03
139 50	46 50	11 58	34 92	420 78
141 25	47 08	11 72	35 36	426 08
141 50	47 17	11 74	35 43	426 93
144 00	48 00	11 95	36 05	434 40
146 25	48 75	12 14	36 61	441 15
151 25	50 42	12 55	37 87	456 33
153 00	51 00	12 70	38 30	461 51
154 50	51 50	12 82	38 68	466 09
155 25	51 75	12 88	38 87	468 38
156 00	52 00	12 93	39 05	470 55
162 00	54 00	13 44	40 56	488 74
162 75	54 23	13 51	40 74	490 91
165 75	55 25	13 76	41 49	499 95
167 25	55 75	13 88	41 87	504 53
169 50	56 50	14 07	42 43	511 28
171 00	57 00	14 19	42 81	515 86
174 25	58 08	14 46	43 62	525 62
175 50	58 50	14 56	43 94	529 47
180 00	60 00	14 94	45 06	542 97
180 25	60 08	14 96	45 12	543 69
183 75	61 25	15 25	46 00	554 30
185 25	61 75	15 37	46 38	558 87
186 00	62 00	15 44	46 56	561 04
193 00	64 33	16 02	48 31	582 13
195 00	65 00	16 18	48 82	588 28
197 75	65 92	16 41	49 51	596 59
204 00	68 00	16 93	51 07	615 39
206 00	68 67	17 10	51 57	621 41
209 25	69 75	17 37	52 38	631 17
211 75	70 58	17 57	53 01	638 77
216 00	72 00	17 93	54 07	651 54
219 00	73 00	18 17	54 83	660 70
221 00	73 67	18 34	55 33	666 72
225 00	75 00	18 67	56 33	678 77
226 00	75 33	18 76	56 57	681 66
231 75	77 25	19 23	58 02	699 14
232 50	77 50	19 29	58 21	701 43
240 00	80 00	19 92	60 08	723 98
244 50	81 50	20 29	61 21	737 58
254 25	84 75	21 10	63 65	766 98
257 50	85 83	21 37	64 46	776 74
268 50	89 50	22 28	67 22	810 00
282 50	94 17	23 44	70 73	852 20
350 00	120 00	29 88	90 13	1 085 94

BARÊME DES PENSIONS

Taux 12f10 — premier groupe

| MONTANT TRIMESTRIEL DES PENSIONS | | | ABONDEMENT | MONTANT en francs |
en francs	en piastres abondé au taux de 3f00	en piastres au taux du jour de paiement	Différence entre le montant en piastres payé au taux du jour et celui de 3f00	de l'abondement
9,00	3,00	0,74	2,26	27,34
11,25	3,75	0,93	2,82	34,12
12,25	4,08	1,01	3,07	37,14
13,50	4,50	1,12	3,38	40,89
18,00	6,00	1,49	4,51	54,57
19,50	6,50	1,61	4,89	59,16
23,25	7,75	1,92	5,83	70,54
25,75	8,58	2,13	6,45	78,04
27,00	9,00	2,23	6,77	81,91
28,25	9,42	2,33	7,09	85,78
29,25	9,75	2,42	7,33	88,69
30,00	10,00	2,48	7,52	90,99
31,50	10,50	2,60	7,90	95,59
34,75	11,58	2,87	8,71	105,39
36,00	12,00	2,98	9,02	109,14
37,12	12,37	3,07	9,30	112,53
37,50	12,50	3,10	9,40	113,74
38,50	12,83	3,18	9,65	116,76
39,00	13,00	3,22	9,78	118,33
42,25	14,08	3,49	10,59	128,13
44,06	14,69	3,64	11,05	133,70
44,75	14,92	3,70	11,22	135,78
45,00	15,00	3,72	11,28	136,48
46,50	15,50	3,81	11,66	141,08
48,75	16,25	4,03	12,22	147,86
50,50	16,83	4,17	12,66	153,18
51,00	17,00	4,21	12,70	154,75
51,50	17,17	4,26	12,91	156,21
51,75	17,25	4,28	12,97	156,93
52,00	17,33	4,30	13,03	157,66
52,25	17,42	4,32	13,10	158,51
52,50	17,50	4,34	13,16	159,23
52,75	17,58	4,36	13,22	159,90
53,00	17,67	4,38	13,29	160,80
53,25	17,75	4,40	13,35	161,53
53,50	17,83	4,42	13,41	162,26
53,75	17,92	4,44	13,48	163,10
54,00	18,00	4,46	13,51	163,83
54,25	18,08	4,48	13,60	164,56
54,50	18,17	4,50	13,67	165,40
54,75	18,25	4,52	13,73	166,13
55,00	18,33	4,55	13,78	166,73
55,25	18,42	4,57	13,85	167,58
55,50	18,50	4,59	13,91	168,31
55,75	18,58	4,61	13,97	169,03
56,00	18,67	4,63	14,04	169,88
56,25	18,73	4,65	14,10	170,61
56,50	18,83	4,67	14,16	171,33
56,75	18,92	4,69	14,23	172,18

Taux 12f10 — second groupe

| MONTANT TRIMESTRIEL DES PENSIONS | | | ABONDEMENT | MONTANT en francs |
en francs	en piastres abondé au taux de 3f00	en piastres au taux du jour de paiement	Différence entre le montant en piastres payé au taux du jour et celui de 3f00	de l'abondement
57,00	19,00	4,71	14,29	172,90
57,25	19,08	4,73	14,35	173,63
57,50	19,17	4,75	14,42	174,48
57,75	19,25	4,77	14,48	175,20
58,00	19,33	4,79	14,54	175,93
58,25	19,42	4,81	14,61	176,78
58,50	19,50	4,83	14,67	177,50
58,75	19,58	4,86	14,72	178,11
59,00	19,67	4,88	14,79	178,93
59,25	19,75	4,90	14,85	179,68
59,50	19,83	4,92	14,91	180,41
59,75	19,92	4,94	14,98	181,25
60,00	20,00	4,96	15,04	181,98
60,75	20,25	5,02	15,23	184,28
61,00	20,33	5,04	15,29	185,00
61,25	20,42	5,06	15,36	185,85
61,50	20,50	5,08	15,42	186,58
61,75	20,58	5,10	15,48	187,30
62,00	20,67	5,12	15,55	188,13
62,50	20,83	5,17	15,66	189,48
63,00	21,00	5,21	15,79	191,05
63,25	21,08	5,23	15,85	191,78
63,50	21,17	5,25	15,92	192,53
63,75	21,25	5,27	15,98	193,35
64,00	21,33	5,29	16,04	194,08
64,25	21,42	5,31	16,11	194,93
64,50	21,50	5,33	16,17	195,65
64,75	21,58	5,35	16,23	196,38
65,00	21,67	5,37	16,30	197,23
66,00	22,00	5,45	16,55	200,25
66,50	22,17	5,50	16,67	201,70
68,25	22,75	5,64	17,11	207,08
68,50	22,83	5,66	17,17	207,75
68,75	22,92	5,68	17,24	208,60
69,50	23,17	5,74	17,43	210,90
70,75	23,58	5,85	17,73	214,53
71,00	23,67	5,87	17,80	215,38
72,00	24,00	5,95	18,05	218,40
73,00	24,33	6,03	18,30	221,43
73,50	24,50	6,07	18,43	223,00
76,25	25,42	6,30	19,12	231,35
76,75	25,58	6,34	19,24	232,80
77,25	25,75	6,38	19,37	234,37
78,00	26,00	6,45	19,55	236,55
80,75	26,92	6,67	20,25	245,02
81,00	27,00	6,69	20,31	245,75
81,25	27,08	6,71	20,37	246,47
82,25	27,42	6,80	20,62	249,50
83,25	27,75	6,88	20,87	252,52

Taux 12f14 — premier groupe

| MONTANT TRIMESTRIEL DES PENSIONS | | | ABONDEMENT | MONTANT en francs |
en francs	en piastres abondé au taux de 3f00	en piastres au taux du jour de paiement	Différence entre le montant en piastres payé au taux du jour et celui de 3f00	de l'abondement
83,50	27,83	6,90	20,93	253,23
83,75	27,92	6,92	21,00	254,10
84,75	28,25	7,00	21,25	257,12
85,75	28,58	7,09	21,49	260,02
87,75	29,25	7,25	22,00	266,20
88,50	29,50	7,31	22,19	268,19
88,75	29,58	7,33	22,25	269,22
89,00	29,67	7,36	22,31	269,95
90,00	30,00	7,44	22,56	272,97
90,75	30,25	7,50	22,75	273,27
91,25	30,42	7,54	22,88	276,84
92,00	30,67	7,60	23,07	279,11
92,25	30,75	7,62	23,13	279,87
92,50	30,83	7,64	23,19	280,59
93,00	31,00	7,69	23,31	282,05
94,50	31,50	7,81	23,69	286,64
96,50	32,17	7,98	24,19	292,69
97,25	32,42	8,04	24,38	294,99
97,50	32,50	8,06	24,44	295,72
98,75	32,92	8,16	24,76	299,59
99,00	33,00	8,18	24,82	300,32
100,00	33,33	8,26	25,07	303,34
101,50	33,83	8,39	25,44	307,82
102,00	34,00	8,43	25,57	309,30
102,25	34,08	8,45	25,63	310,12
102,50	34,17	8,47	25,70	310,97
103,00	34,33	8,51	25,82	312,42
103,50	34,50	8,55	25,95	313,99
104,00	34,67	8,60	26,07	315,44
104,25	34,75	8,62	26,13	316,17
104,75	34,92	8,66	26,26	317,74
105,00	35,00	8,68	26,32	318,47
105,75	35,25	8,74	26,51	320,77
106,75	35,58	8,82	26,76	323,79
107,25	35,75	8,86	26,89	325,36
108,00	36,00	8,93	27,07	327,51
108,25	36,08	8,95	27,13	328,27
108,50	36,17	8,97	27,20	329,12
113,00	37,67	9,34	28,33	342,79
114,75	38,25	9,48	28,77	348,11
115,75	38,58	9,57	29,01	351,02
116,00	38,67	9,59	29,08	351,86
116,25	38,73	9,61	29,14	352,59
117,00	39,00	9,67	29,33	354,89
120,60	40,00	9,92	30,08	363,96
125,00	41,67	10,33	31,31	379,21
126,00	42,00	10,41	31,39	382,23
126,75	42,25	10,48	31,77	384,41
127,50	42,50	10,55	31,96	386,71

Taux 12f14 — second groupe

| MONTANT TRIMESTRIEL DES PENSIONS | | | ABONDEMENT | MONTANT en francs |
en francs	en piastres abondé au taux de 3f00	en piastres au taux du jour de paiement	Différence entre le montant en piastres payé au taux du jour et celui de 3f00	de l'abondement
127,75	42,58	10,56	32,02	387
128,75	42,92	10,61	32,28	390
135,00	45,00	11,16	33,84	409
136,50	45,50	11,28	34,22	414
137,25	45,75	11,34	34,41	416
139,50	46,50	11,53	34,97	423
141,25	47,08	11,67	35,41	428
141,50	47,17	11,69	35,48	429
144,00	48,00	11,90	36,10	436
146,25	48,75	12,10	36,65	443
151,25	50,42	12,50	37,92	458
153,00	51,00	12,64	38,36	464
154,50	51,50	12,77	38,73	468
155,25	51,75	12,83	38,92	470
156,00	52,00	12,89	39,11	473
162,00	54,00	13,39	40,61	491
162,75	54,25	13,45	40,80	493
165,75	55,25	13,70	41,55	502
167,25	55,75	13,82	41,93	507
169,50	56,50	14,01	42,49	514
171,00	57,00	14,13	42,87	518
174,25	58,08	14,40	43,68	528
175,50	58,50	14,50	44,00	532
180,00	60,00	14,88	45,12	545
180,25	60,08	14,90	45,18	546
183,75	61,25	15,19	46,06	557
185,25	61,75	15,31	46,44	561
186,00	62,00	15,37	46,63	564
193,00	64,33	15,95	48,38	585
195,00	65,00	16,12	48,88	591
197,75	65,92	16,34	49,58	599
204,00	68,00	16,86	51,14	618
206,00	68,67	17,02	51,65	624
209,25	69,75	17,29	52,46	634
211,75	70,58	17,50	53,08	642
216,00	72,00	17,85	54,15	655
219,00	73,00	18,10	54,90	664
221,00	73,67	18,26	55,41	670
225,00	75,00	18,60	56,40	682
226,00	75,33	18,68	56,65	685
231,75	77,25	19,15	58,10	703
232,50	77,50	19,21	58,29	705
240,00	80,00	19,83	60,17	728
244,50	81,50	20,21	61,29	741
251,25	84,75	21,01	63,74	771
257,50	85,83	21,28	64,55	781
268,50	89,50	22,19	67,31	814
282,50	94,17	23,35	70,82	856
360,00	120,00	29,75	90,25	1 092

BARÊME DES PENSIONS

Tableau de gauche

MONTANT TRIMESTRIEL DES PENSIONS — en francs	en piastres abondé au taux de 3f00	en piastres au taux du jour de paiement	ABONNEMENT — Différence entre le montant en piastres payé au taux du jour et celui de 3f00	MONTANT en francs de l'abondement	MONTANT TRIMESTRIEL DES PENSIONS — en francs	en piastres abondé au taux de 3f00	en piastres au taux du jour de paiement	ABONNEMENT — Différence entre le montant en piastres payé au taux du jour et celui de 3f00	MONTANT en francs de l'abondement
9 00	3 00	0 74	2 26	27 45	57 00	19 00	4 69	14 31	173 86
11 25	3 75	0 93	2 82	34 26	57 25	19 08	4 71	14 37	174 59
12 25	4 08	1 01	3 07	37 30	57 50	19 17	4 73	14 44	175 44
13 50	4 50	1 11	3 39	41 18	57 75	19 25	4 75	14 50	176 17
18 00	6 00	1 48	4 52	54 91	58 00	19 33	4 77	14 56	176 90
19 50	6 50	1 60	4 90	59 53	58 25	19 42	4 79	14 63	177 75
23 25	7 75	1 91	5 84	70 95	58 50	19 50	4 81	14 69	178 48
25 75	8 58	2 12	6 46	78 48	58 75	19 58	4 84	14 74	179 09
27 00	9 00	2 22	6 78	82 37	59 00	19 67	4 86	14 81	179 94
28 25	9 42	2 33	7 09	86 14	59 25	19 75	4 88	14 87	180 67
29 25	9 75	2 41	7 31	89 18	59 50	19 83	4 90	14 93	181 39
30 00	10 00	2 47	7 53	91 48	59 75	19 92	4 92	15 00	182 25
31 50	10 50	2 59	7 91	96 10	60 00	20 00	4 94	15 06	182 97
34 75	11 58	2 86	8 72	105 94	60 75	20 25	5 00	15 25	185 28
36 00	12 00	2 96	9 04	109 83	61 00	20 33	5 00	15 31	186 01
37 12	12 37	3 06	9 31	113 11	61 25	20 42	5 04	15 38	186 86
37 50	12 50	3 09	9 41	114 33	61 50	20 50	5 06	15 44	187 59
38 50	12 83	3 17	9 66	117 36	61 75	20 58	5 08	15 50	188 32
39 00	13 00	3 21	9 79	118 94	62 00	20 67	5 10	15 57	189 17
42 25	14 08	3 48	10 60	128 79	62 50	20 83	5 14	15 69	190 03
44 06	14 69	3 63	11 06	134 37	63 00	21 00	5 19	15 81	192 09
44 75	14 92	3 68	11 24	136 56	63 25	21 08	5 21	15 87	192 82
45 00	15 00	3 70	11 30	137 29	63 50	21 17	5 23	15 94	193 67
46 50	15 50	3 83	11 67	141 79	63 75	21 25	5 25	16 00	194 40
48 75	16 25	4 01	12 24	148 71	64 00	21 33	5 27	16 06	195 12
50 50	16 83	4 16	12 67	153 94	64 25	21 42	5 29	16 13	195 97
51 00	17 00	4 20	12 80	155 52	64 50	21 50	5 31	16 19	196 70
51 50	17 17	4 24	12 93	157 09	64 75	21 58	5 33	16 25	197 43
51 75	17 25	4 26	12 99	157 82	65 00	21 67	5 35	16 32	198 28
52 00	17 33	4 28	13 05	158 55	66 00	22 00	5 43	16 57	201 32
52 25	17 42	4 30	13 12	159 40	66 50	22 17	5 47	16 70	202 90
52 50	17 50	4 32	13 18	160 13	68 25	22 75	5 62	17 13	208 12
52 75	17 58	4 34	13 24	160 86	68 50	22 83	5 64	17 19	208 85
53 00	17 67	4 36	13 31	161 71	68 75	22 92	5 66	17 26	209 70
53 25	17 75	4 38	13 37	162 44	69 50	23 17	5 72	17 45	212 01
53 50	17 83	4 40	13 43	163 17	70 75	23 58	5 82	17 76	215 78
53 75	17 92	4 42	13 50	164 02	71 00	23 67	5 84	17 83	216 63
54 00	18 00	4 44	13 56	164 75	72 00	24 00	5 93	18 07	219 55
54 25	18 08	4 47	13 61	165 36	73 00	24 33	6 01	18 32	222 58
54 50	18 17	4 49	13 68	166 21	73 50	24 50	6 05	18 45	224 16
54 75	18 25	4 51	13 74	166 94	76 25	25 42	6 28	19 14	232 53
55 00	18 33	4 53	13 80	167 67	76 75	25 58	6 32	19 26	234 00
55 25	18 42	4 55	13 87	168 52	77 25	25 75	6 36	19 39	235 58
55 50	18 50	4 57	13 93	169 24	78 00	26 00	6 42	19 58	237 89
55 75	18 58	4 59	13 99	169 97	80 75	26 92	6 65	20 27	246 28
56 00	18 67	4 61	14 06	170 82	81 00	27 00	6 67	20 33	247 00
56 25	18 75	4 63	14 12	171 55	81 25	27 08	6 69	20 39	247 73
56 50	18 83	4 65	14 18	172 28	82 25	27 42	6 77	20 65	250 89
56 75	18 92	4 67	14 25	173 13	83 25	27 75	6 85	20 90	253 93

Tableau de droite

MONTANT TRIMESTRIEL DES PENSIONS — en francs	en piastres abondé au taux de 3f00	en piastres au taux du jour de paiement	ABONNEMENT — Différence entre le montant en piastres payé au taux du jour et celui de 3f00	MONTANT en francs de l'abondement	MONTANT TRIMESTRIEL DES PENSIONS — en francs	en piastres abondé au taux de 3f00	en piastres au taux du jour de paiement	ABONNEMENT — Différence entre le montant en piastres payé au taux du jour et celui de 3f00	MONTANT en francs de l'abondement
83 50	27 83	6 87	20 96	254 66	127 75	42 58	10 51	32 07	389 65
83 75	27 92	6 89	21 03	255 51	128 75	42 92	10 60	32 32	392 68
84 75	28 25	6 98	21 47	258 43	135 00	45 00	11 11	33 89	411 76
85 75	28 58	7 06	21 52	261 46	136 50	45 50	11 23	34 27	416 38
87 75	29 25	7 22	22 03	267 66	137 25	45 75	11 30	34 45	418 56
88 50	29 50	7 28	22 22	269 97	139 50	46 50	11 48	35 02	425 49
88 75	29 58	7 30	22 28	270 70	141 25	47 08	11 63	35 45	430 71
89 00	29 67	7 33	22 34	271 43	141 50	47 17	11 65	35 52	431 56
90 00	30 00	7 41	22 59	274 46	144 00	48 00	11 85	36 15	439 22
90 75	30 25	7 47	22 78	278 77	146 25	48 75	12 04	36 71	446 02
91 25	30 42	7 51	22 91	278 05	151 25	50 42	12 45	37 97	461 33
92 00	30 67	7 57	23 10	280 66	153 00	51 00	12 59	38 41	466 68
92 25	30 75	7 59	23 16	281 39	154 50	51 50	12 72	38 78	471 17
92 50	30 83	7 61	23 22	282 12	155 25	51 75	12 78	38 97	473 48
93 00	31 00	7 65	23 35	283 70	156 00	52 00	12 84	39 16	475 79
94 50	31 50	7 78	23 72	288 19	162 00	54 00	13 33	40 67	494 14
96 50	32 17	7 94	24 23	294 39	162 75	54 25	13 40	40 85	496 32
97 25	32 42	8 00	24 42	296 70	165 75	55 25	13 64	41 61	505 56
97 50	32 50	8 02	24 48	297 43	167 25	55 75	13 77	41 98	510 05
98 75	32 92	8 13	24 79	301 19	169 50	56 50	13 95	42 55	516 98
99 00	33 00	8 15	24 85	301 92	171 00	57 00	14 07	42 93	521 59
100 00	33 33	8 23	25 10	304 96	174 25	58 08	14 34	43 74	531 44
101 50	33 83	8 35	25 48	309 58	175 50	58 50	14 44	44 06	535 32
102 00	34 00	8 40	25 60	311 04	180 00	60 00	14 81	45 19	549 05
102 25	34 08	8 42	25 66	311 76	180 25	60 08	14 84	45 24	549 66
102 50	34 17	8 44	25 73	312 51	183 75	61 25	15 12	46 13	560 47
103 00	34 33	8 48	25 85	314 07	185 25	61 75	15 25	46 50	564 97
103 50	34 50	8 52	25 98	315 65	186 00	62 00	15 31	46 69	567 28
104 00	34 67	8 56	26 11	317 23	193 00	64 33	15 88	48 45	588 66
104 25	34 75	8 58	26 17	317 96	195 00	65 00	16 05	48 95	594 74
104 75	34 92	8 62	26 30	319 54	197 75	65 92	16 28	49 64	603 12
105 00	35 00	8 64	26 36	320 27	204 00	68 00	16 79	51 21	622 20
105 75	35 25	8 70	26 55	322 58	206 00	68 67	16 95	51 72	628 39
106 75	35 58	8 79	26 79	325 49	209 25	69 75	17 22	52 53	638 23
107 25	35 75	8 83	26 92	327 07	211 75	70 58	17 43	53 15	645 77
108 00	36 00	8 89	27 11	329 38	216 00	72 00	17 78	54 22	658 77
108 25	36 08	8 91	27 17	330 11	219 00	73 00	18 02	54 98	668 00
108 50	36 17	8 93	27 24	330 96	221 00	73 67	18 19	55 48	674 08
113 00	37 67	9 30	28 37	344 69	225 00	75 00	18 52	56 48	686 23
114 75	38 25	9 44	28 81	350 04	226 00	75 33	18 60	56 73	689 25
115 75	38 58	9 53	29 05	352 95	231 75	77 25	19 07	58 18	706 88
116 00	38 67	9 55	29 12	353 80	232 50	77 50	19 14	58 36	709 07
116 25	38 75	9 57	29 18	354 53	240 00	80 00	19 75	60 25	732 03
117 00	39 00	9 63	29 37	356 81	244 50	81 50	20 12	61 38	745 76
120 00	40 00	9 88	30 12	365 95	251 25	84 75	20 93	63 82	775 41
125 00	41 67	10 29	31 38	381 26	257 50	85 83	21 19	64 64	785 37
126 00	42 00	10 37	31 63	384 30	268 50	89 50	22 10	67 40	818 91
126 75	42 25	10 43	31 82	386 61	282 50	94 17	23 25	70 92	861 67
127 50	42 50	10 49	32 01	388 92	360 00	120 00	29 63	90 37	1 097 99

BARÊME DES PENSIONS

Taux 12f20 — premier bloc

en francs	en piastres abondé au taux de 3/00	en piastres au taux du jour de paiement	ABONDEMENT (Différence entre le montant en piastres payé au taux du jour et celui de 3/00)	MONTANT en francs de l'abondement
9.00	3.00	0.74	2.26	27.57
11.25	3.75	0.92	2.83	34.52
12.25	4.08	1.00	3.08	37.67
13.50	4.50	1.11	3.39	41.35
18.00	6.00	1.48	4.52	55.14
19.50	6.50	1.60	4.90	59.78
23.25	7.75	1.91	5.84	71.24
25.75	8.58	2.11	6.47	78.93
27.00	9.00	2.21	6.79	82.83
28.25	9.42	2.32	7.10	86.62
29.25	9.75	2.40	7.35	89.67
30.00	10.00	2.46	7.51	91.98
31.50	10.50	2.58	7.92	96.62
34.75	11.58	2.85	8.73	106.50
36.00	12.00	2.95	9.05	110.41
37.12	12.37	3.04	9.33	113.82
37.50	12.50	3.07	9.43	115.04
38.50	12.83	3.16	9.67	117.97
39.00	13.00	3.20	9.80	119.56
42.25	14.08	3.46	10.62	129.56
44.06	14.69	3.61	11.08	135.17
44.75	14.92	3.67	11.25	137.25
45.00	15.00	3.69	11.31	137.98
46.50	15.50	3.81	11.69	142.61
48.75	16.25	4.00	12.25	149.45
50.50	16.83	4.14	12.69	154.81
51.00	17.00	4.18	12.82	156.40
51.50	17.17	4.22	12.95	157.99
51.75	17.25	4.24	13.01	158.72
52.00	17.33	4.26	13.07	159.45
52.25	17.42	4.28	13.14	160.30
52.50	17.50	4.30	13.20	161.04
52.75	17.58	4.32	13.26	161.77
53.00	17.67	4.34	13.33	162.62
53.25	17.75	4.36	13.39	163.35
53.50	17.83	4.39	13.44	163.96
53.75	17.92	4.41	13.51	164.82
54.00	18.00	4.43	13.57	165.55
54.25	18.08	4.45	13.63	166.28
54.50	18.17	4.47	13.70	167.14
54.75	18.25	4.49	13.76	167.87
55.00	18.33	4.51	13.82	168.60
55.25	18.42	4.53	13.89	169.45
55.50	18.50	4.55	13.93	170.19
55.75	18.58	4.57	14.01	170.92
56.00	18.67	4.59	14.08	171.77
56.25	18.73	4.61	14.14	172.50
56.50	18.83	4.63	14.20	173.24
56.75	18.92	4.65	14.27	174.09

Taux 12f20 — second bloc

en francs	en piastres abondé au taux de 3/00	en piastres au taux du jour de paiement	ABONDEMENT (Différence entre le montant en piastres payé au taux du jour et celui de 3/00)	MONTANT en francs de l'abondement
57.00	19.00	4.67	14.33	174.82
57.25	19.08	4.69	14.39	175.55
57.50	19.17	4.71	14.46	176.41
57.75	19.25	4.73	14.52	177.14
58.00	19.33	4.75	14.58	177.87
58.25	19.42	4.77	14.65	178.73
58.50	19.50	4.80	14.70	179.31
58.75	19.58	4.82	14.76	180.07
59.00	19.67	4.84	14.83	180.92
59.25	19.75	4.86	14.89	181.65
59.50	19.83	4.88	14.95	182.39
59.75	19.92	4.90	15.02	183.24
60.00	20.00	4.92	15.08	183.97
60.75	20.25	4.98	15.27	186.29
61.00	20.33	5.00	15.33	187.02
61.25	20.42	5.02	15.40	187.88
61.50	20.50	5.04	15.46	188.61
61.75	20.58	5.06	15.52	189.34
62.00	20.67	5.08	15.59	190.19
62.50	20.83	5.12	15.71	191.66
63.00	21.00	5.16	15.84	193.24
63.25	21.08	5.18	15.90	193.98
63.50	21.17	5.20	15.97	194.83
63.75	21.25	5.23	16.02	195.44
64.00	21.33	5.25	16.08	196.17
64.25	21.42	5.27	16.15	197.03
64.50	21.50	5.29	16.21	197.76
64.75	21.58	5.31	16.27	198.49
65.00	21.67	5.33	16.34	199.34
65.50	21.83	5.37	16.46	200.81
66.50	22.17	5.45	16.72	203.98
68.25	22.75	5.59	17.16	209.35
68.50	22.83	5.61	17.22	210.08
68.75	22.92	5.64	17.28	210.81
69.50	23.17	5.70	17.47	213.13
70.75	23.58	5.80	17.78	216.91
71.00	23.67	5.82	17.85	217.77
72.00	24.00	5.90	18.10	220.82
73.00	24.33	5.98	18.35	223.87
73.50	24.50	6.02	18.48	225.45
76.25	25.42	6.25	19.17	233.87
76.75	25.58	6.29	19.29	235.33
77.25	25.75	6.33	19.42	236.92
78.00	26.00	6.39	19.61	239.24
80.75	26.92	6.62	20.30	247.66
81.00	27.00	6.64	20.36	248.39
81.25	27.08	6.66	20.42	249.12
82.25	27.42	6.74	20.68	252.29
83.25	27.75	6.82	20.93	255.34

Taux 12f — troisième bloc

en francs	en piastres abondé au taux de 3/00	en piastres au taux du jour de paiement	ABONDEMENT (Différence entre le montant en piastres payé au taux du jour et celui de 3/00)	MONTANT en francs de l'abondement
83.50	27.83	6.84	20.99	256.07
83.75	27.92	6.86	21.06	256.93
84.75	28.25	6.95	21.30	259.86
85.75	28.58	7.03	21.55	262.91
87.75	29.25	7.10	22.06	269.13
88.50	29.50	7.25	22.25	271.45
88.75	29.58	7.27	22.31	272.18
89.00	29.67	7.30	22.37	272.91
90.00	30.00	7.38	22.62	273.96
90.75	30.25	7.44	22.81	278.28
91.25	30.42	7.48	22.94	279.86
92.00	30.67	7.54	23.13	282.18
92.25	30.75	7.56	23.19	282.91
92.50	30.83	7.58	23.25	283.65
93.00	31.00	7.62	23.38	285.23
94.50	31.50	7.75	23.75	289.75
96.50	32.17	7.91	24.26	295.97
97.25	32.42	7.97	24.45	298.29
97.50	32.50	7.99	24.51	299.02
98.75	32.92	8.09	24.83	302.92
99.00	33.00	8.11	24.89	303.65
100.00	33.33	8.20	25.13	306.58
101.50	33.83	8.32	25.51	311.22
102.00	34.00	8.36	25.64	312.80
102.25	34.08	8.38	25.70	313.54
102.50	34.17	8.40	25.77	314.39
103.00	34.33	8.44	25.89	315.85
103.50	34.50	8.48	26.02	317.44
104.00	34.67	8.52	26.15	319.03
104.25	34.75	8.55	26.20	319.64
104.75	34.92	8.59	26.33	321.22
105.00	35.00	8.61	26.39	321.95
105.75	35.25	8.67	26.58	324.27
106.75	35.58	8.75	26.83	327.32
107.25	35.75	8.79	26.96	328.91
108.00	36.00	8.85	27.15	331.23
108.25	36.08	8.87	27.21	331.95
108.50	36.17	8.89	27.28	332.81
113.00	37.66	9.26	28.40	346.48
114.75	38.25	9.41	28.84	351.84
115.75	38.58	9.49	29.09	354.89
116.00	38.67	9.51	29.16	355.75
116.25	38.75	9.53	29.22	356.48
117.00	39.00	9.59	29.41	358.80
120.00	40.00	9.84	30.16	367.95
125.00	41.67	10.25	31.42	383.32
126.00	42.00	10.33	31.67	386.37
126.75	42.25	10.39	31.86	389.01
127.50	42.50	10.45	32.05	391.01

Taux 12f — quatrième bloc

en francs	en piastres abondé au taux de 3/00	en piastres au taux du jour de paiement	ABONDEMENT (Différence entre le montant en piastres payé au taux du jour et celui de 3/00)	MONTANT en francs de l'abondement
127.75	42.58	10.47	32.11	[illegible]
128.75	42.92	10.55	32.37	[illegible]
135.00	45.00	11.07	33.93	[illegible]
136.50	45.50	11.20	34.30	[illegible]
137.25	45.75	11.25	34.50	[illegible]
139.50	46.50	11.43	35.07	[illegible]
141.25	47.08	11.58	35.50	[illegible]
141.50	47.17	11.60	35.57	[illegible]
144.00	48.00	11.80	36.20	[illegible]
146.25	48.75	11.99	36.76	[illegible]
151.25	50.42	12.40	38.02	[illegible]
153.00	51.00	12.54	38.46	[illegible]
154.50	51.50	12.66	38.84	[illegible]
155.25	51.75	12.73	39.02	[illegible]
156.00	52.00	12.79	39.21	[illegible]
162.00	54.00	13.28	40.72	[illegible]
162.75	54.25	13.34	40.91	[illegible]
165.75	55.25	13.59	41.66	[illegible]
167.25	55.75	13.71	42.04	[illegible]
169.50	56.50	13.89	42.61	[illegible]
171.00	57.00	14.02	42.98	[illegible]
174.00	58.00	14.28	43.80	[illegible]
175.50	58.50	14.39	44.11	[illegible]
180.00	60.00	14.75	45.25	[illegible]
180.25	60.08	14.77	45.31	[illegible]
183.75	61.25	15.08	46.19	[illegible]
185.25	61.75	15.18	46.57	[illegible]
186.00	62.00	15.25	46.75	[illegible]
193.00	64.33	15.82	48.51	[illegible]
195.00	65.00	15.98	49.02	[illegible]
197.75	65.92	16.21	49.71	[illegible]
204.00	68.00	16.72	51.28	[illegible]
206.00	68.67	16.89	51.78	[illegible]
209.25	69.75	17.15	52.60	[illegible]
211.75	70.58	17.36	53.22	[illegible]
216.00	72.00	17.70	54.30	[illegible]
219.00	73.00	17.95	55.05	[illegible]
221.00	73.67	18.11	55.56	[illegible]
225.00	75.00	18.44	56.56	[illegible]
226.00	75.33	18.52	56.81	[illegible]
231.75	77.25	19.00	58.25	[illegible]
232.50	77.50	19.06	58.44	[illegible]
240.00	80.00	19.67	60.33	[illegible]
244.50	81.50	20.04	61.46	[illegible]
254.25	84.75	20.84	63.91	[illegible]
257.50	85.83	21.11	64.72	[illegible]
268.50	89.50	22.01	67.49	[illegible]
282.50	94.17	23.16	71.01	[illegible]
360.00	120.00	29.51	90.49	[illegible]

BARÊME DES PENSIONS

Montant trimestriel des pensions — en francs	en piastres abondé au taux de 3600	en piastres au taux du jour de paiement	ABONDEMENT — Différence entre le montant en piastres payé au taux du jour et celui de 3600	MONTANT en francs de l'abondement
9,00	3,00	0,73	2,37	27,80
11,25	3,75	0,92	2,83	34,66
12,25	4,08	1,00	3,08	37,73
13,50	4,50	1,10	3,40	41,65
18,00	6,00	1,47	4,53	55,49
19,50	6,50	1,59	4,91	60,14
23,25	7,75	1,90	5,85	71,66
25,75	8,58	2,10	6,48	79,38
27,00	9,00	2,20	6,80	83,30
28,25	9,42	2,31	7,11	87,09
29,25	9,75	2,39	7,36	90,16
30,00	10,00	2,45	7,55	92,48
31,50	10,50	2,57	7,93	97,14
34,75	11,58	2,84	8,74	107,08
36,00	12,00	2,94	9,06	110,98
37,12	12,37	3,03	9,34	114,41
37,50	12,50	3,06	9,44	115,61
38,50	12,83	3,14	9,69	118,70
39,00	13,00	3,18	9,82	120,29
42,25	14,08	3,45	10,63	130,21
44,06	14,69	3,60	11,09	135,85
44,75	14,92	3,65	11,27	138,05
45,00	15,00	3,67	11,33	138,79
46,50	15,30	3,80	11,70	143,32
48,75	16,25	3,98	12,27	150,30
50,50	16,83	4,12	12,71	155,69
51,00	17,00	4,16	12,84	157,29
51,50	17,17	4,20	12,97	158,88
51,75	17,25	4,22	13,03	159,61
52,00	17,33	4,24	13,09	160,35
52,25	17,42	4,27	13,15	161,08
52,50	17,50	4,29	13,21	161,82
52,75	17,58	4,31	13,27	162,55
53,00	17,67	4,33	13,34	163,41
53,25	17,75	4,35	13,40	164,15
53,50	17,83	4,37	13,46	164,88
53,75	17,92	4,39	13,53	165,74
54,00	18,00	4,41	13,59	166,47
54,25	18,08	4,43	13,65	167,21
54,50	18,17	4,45	13,72	168,07
54,75	18,25	4,47	13,78	168,80
55,00	18,33	4,49	13,84	169,54
55,25	18,42	4,51	13,91	170,39
55,50	18,50	4,53	13,97	171,13
55,75	18,58	4,55	14,03	171,86
56,00	18,67	4,57	14,10	172,72
56,25	18,75	4,59	14,16	173,46
56,50	18,83	4,61	14,22	174,19
56,75	18,92	4,63	14,29	175,05

Montant trimestriel des pensions — en francs	en piastres abondé au taux de 3600	en piastres au taux du jour de paiement	ABONDEMENT — Différence entre le montant en piastres payé au taux du jour et celui de 3600	MONTANT en francs de l'abondement
57,00	19,00	4,65	14,35	175,78
57,25	19,08	4,67	14,41	176,52
57,50	19,17	4,69	14,48	177,38
57,75	19,25	4,71	14,54	178,11
58,00	19,33	4,73	14,60	178,85
58,25	19,42	4,76	14,66	179,58
58,50	19,50	4,78	14,72	180,32
58,75	19,58	4,80	14,78	181,05
59,00	19,67	4,82	14,85	181,91
59,25	19,75	4,84	14,91	182,64
59,50	19,83	4,86	14,97	183,38
59,75	19,92	4,88	15,04	184,24
60,00	20,00	4,90	15,10	184,97
60,75	20,25	4,96	15,29	187,30
61,00	20,33	4,98	15,35	188,03
61,25	20,42	5,00	15,42	188,89
61,50	20,50	5,02	15,48	189,63
61,75	20,58	5,04	15,51	190,36
62,00	20,67	5,06	15,61	191,22
62,50	20,83	5,10	15,73	192,69
63,00	21,00	5,14	15,86	194,28
63,25	21,08	5,16	15,92	195,02
63,50	21,17	5,18	15,99	195,87
63,75	21,25	5,20	16,05	196,61
64,00	21,33	5,22	16,11	197,34
64,25	21,42	5,24	16,18	198,20
64,50	21,50	5,27	16,23	198,81
64,75	21,58	5,29	16,29	199,55
65,00	21,67	5,31	16,36	200,41
66,00	22,00	5,39	16,61	203,47
66,50	22,17	5,43	16,74	205,06
68,25	22,75	5,57	17,18	210,45
68,50	22,83	5,59	17,24	211,19
68,75	22,92	5,61	17,31	212,04
69,50	23,17	5,67	17,50	214,37
70,75	23,58	5,78	17,80	218,05
71,00	23,67	5,80	17,87	218,90
72,00	24,00	5,88	18,12	221,97
73,00	24,33	5,96	18,37	225,03
73,50	24,50	6,00	18,50	226,62
76,25	25,42	6,22	19,20	235,20
76,75	25,58	6,27	19,31	236,54
77,25	25,75	6,31	19,44	238,11
78,00	26,00	6,37	19,63	240,46
80,75	26,92	6,50	20,33	249,04
81,00	27,00	6,56	20,39	249,77
81,25	27,08	6,63	20,45	250,51
82,25	27,42	6,71	20,71	253,69
83,25	27,75	6,80	20,95	256,63

Montant trimestriel des pensions — en francs	en piastres abondé au taux de 3600	en piastres au taux du jour de paiement	ABONDEMENT — Différence entre le montant en piastres payé au taux du jour et celui de 3600	MONTANT en francs de l'abondement
83,50	27,83	6,82	21,01	257,37
83,75	27,92	6,84	21,08	258,23
84,75	28,25	6,92	21,33	261,29
85,75	28,58	7,00	21,58	264,35
87,75	29,25	7,16	22,09	270,60
88,50	29,50	7,22	22,28	272,93
88,75	29,58	7,24	22,34	273,66
89,00	29,67	7,27	22,40	274,40
90,00	30,00	7,35	22,65	277,46
90,75	30,25	7,41	22,84	279,79
91,25	30,42	7,45	22,97	281,38
92,00	30,67	7,51	23,16	283,71
92,25	30,75	7,53	23,22	284,44
92,50	30,83	7,55	23,28	285,18
93,00	31,00	7,59	23,41	286,77
94,50	31,50	7,71	23,79	291,42
96,50	32,17	7,88	24,29	297,55
97,25	32,42	7,94	24,48	299,88
97,50	32,50	7,96	24,54	300,61
98,75	32,92	8,06	24,86	304,53
99,00	33,00	8,08	24,92	305,27
100,00	33,33	8,16	25,17	308,33
101,50	33,83	8,29	25,54	312,86
102,00	34,00	8,33	25,67	314,45
102,25	34,08	8,35	25,73	315,19
102,50	34,17	8,37	25,83	316,05
103,00	34,33	8,41	25,92	317,52
103,50	34,50	8,45	26,02	319,11
104,00	34,67	8,49	26,18	320,70
104,25	34,75	8,51	26,24	321,44
104,75	34,92	8,55	26,37	323,03
105,00	35,00	8,57	26,43	323,76
105,75	35,25	8,63	26,62	326,09
106,75	35,58	8,71	26,87	329,15
107,25	35,75	8,76	26,99	330,62
108,00	36,00	8,82	27,13	332,05
108,25	36,08	8,84	27,24	333,69
108,50	36,17	8,86	27,31	334,54
113,00	37,67	9,22	28,45	348,51
114,75	38,25	9,37	28,88	353,78
115,75	38,58	9,45	29,13	356,84
116,00	38,67	9,47	29,20	357,70
116,25	38,75	9,49	29,26	358,43
117,00	39,00	9,55	29,45	360,76
120,00	40,00	9,80	30,20	369,95
125,00	41,67	10,20	31,47	385,50
126,00	42,00	10,29	31,71	388,44
126,75	42,25	10,35	31,90	390,77
127,50	42,50	10,41	32,09	393,10

Montant trimestriel des pensions — en francs	en piastres abondé au taux de 3600	en piastres au taux du jour de paiement	ABONDEMENT — Différence entre le montant en piastres payé au taux du jour et celui de 3600	MONTANT en francs de l'abondement
127,75	42,58	10,43	32,15	393,83
128,75	42,92	10,51	32,41	397,02
135,00	45,00	11,02	33,98	416,25
136,50	45,50	11,14	34,36	420,91
137,25	45,75	11,20	34,55	423,23
139,50	46,50	11,39	35,11	430,89
141,25	47,08	11,53	35,55	435,48
141,50	47,17	11,55	35,63	436,34
144,00	48,00	11,76	36,24	443,94
146,25	48,75	11,94	36,81	450,92
151,25	50,42	12,35	38,07	466,35
153,00	51,00	12,49	38,51	471,74
154,50	51,50	12,61	38,89	476,40
155,25	51,75	12,67	39,08	478,73
156,00	52,00	12,73	39,27	481,05
162,00	54,00	13,22	40,78	499,55
162,75	54,25	13,29	40,96	501,76
165,75	55,25	13,53	41,72	511,07
167,25	55,75	13,65	42,10	515,72
169,50	56,60	13,84	42,66	522,58
171,00	57,00	13,96	43,04	527,24
174,25	58,08	14,22	43,86	537,28
175,50	58,50	14,33	44,17	541,08
180,00	60,00	14,69	45,31	555,04
180,25	60,08	14,71	45,37	555,78
183,75	61,25	15,00	46,25	566,56
185,25	61,75	15,12	46,63	571,21
186,00	62,00	15,18	46,84	573,54
193,00	64,33	15,76	48,57	594,98
195,00	65,00	15,92	49,08	601,23
197,75	65,92	16,14	49,78	609,80
204,00	68,00	16,65	51,35	629,03
206,00	68,67	16,82	51,85	635,16
209,25	69,75	17,08	52,67	645,20
211,75	70,58	17,29	53,29	652,80
216,00	72,00	17,63	54,37	666,03
219,00	73,00	17,88	55,12	675,22
221,00	73,67	18,04	55,63	681,46
225,00	75,00	18,37	56,63	693,71
226,00	75,33	18,45	56,88	696,78
231,75	77,25	18,92	58,33	714,54
232,50	77,50	18,98	58,52	716,87
240,00	80,00	19,59	60,41	740,02
244,50	81,50	19,96	61,51	753,86
251,25	84,75	20,76	63,99	783,87
257,50	85,83	21,02	64,81	793,92
268,50	89,50	21,92	67,58	827,85
282,50	94,17	23,06	71,11	871,05
360,00	120,00	29,39	90,61	1 109,97

BARÊME DES PENSIONS

Taux 12f30

Taux 12f30

MONTANT TRIMESTRIEL DES PENSIONS en francs	en piastres abondé au taux de 3f00	en piastres au taux du jour de paiement	ABONDEMENT — Différence entre le montant en piastres payé au taux du jour et celui de 3f00	MONTANT en francs de l'abondement
9 00	3 00	0 73	2 27	27 92
11 25	3 75	0 91	2 84	34 93
12 25	4 08	1 00	3 08	37 88
13 50	4 50	1 10	3 40	41 82
18 00	6 00	1 46	4 54	55 84
19 50	6 50	1 59	4 91	60 39
23 25	7 75	1 89	5 86	72 07
25 75	8 58	2 09	6 49	79 82
27 00	9 00	2 20	6 80	83 64
28 25	9 42	2 30	7 12	87 57
29 25	9 75	2 38	7 37	90 65
30 00	10 00	2 44	7 56	92 98
31 50	10 50	2 56	7 94	97 66
34 75	11 58	2 83	8 75	107 62
36 00	12 00	2 93	9 07	111 56
37 12	12 37	3 02	9 35	115 00
37 50	12 50	3 05	9 45	116 23
38 50	12 83	3 13	9 70	119 31
39 00	13 00	3 17	9 83	120 90
42 25	14 08	3 43	10 65	130 99
44 06	14 69	3 58	11 11	136 65
44 75	14 92	3 64	11 28	138 74
45 00	15 00	3 66	11 34	139 48
46 50	15 50	3 78	11 72	144 15
48 75	16 25	3 96	12 29	151 16
50 50	16 83	4 11	12 72	156 45
51 00	17 00	4 15	12 85	158 05
51 50	17 17	4 19	12 98	159 65
51 75	17 25	4 21	13 04	160 39
52 00	17 33	4 23	13 10	161 13
52 25	17 42	4 25	13 17	161 99
52 50	17 50	4 27	13 23	162 72
52 75	17 58	4 29	13 29	163 46
53 00	17 67	4 31	13 36	164 32
53 25	17 75	4 33	13 42	165 06
53 50	17 83	4 35	13 48	165 80
53 75	17 92	4 37	13 55	166 66
54 00	18 00	4 39	13 61	167 40
54 25	18 08	4 41	13 67	168 14
54 50	18 17	4 43	13 74	169 00
54 75	18 25	4 45	13 80	169 74
55 00	18 33	4 47	13 86	170 47
55 25	18 42	4 49	13 93	171 33
55 50	18 50	4 51	13 99	172 07
55 75	18 58	4 53	14 05	172 81
56 00	18 67	4 55	14 12	173 67
56 25	18 75	4 57	14 18	174 41
56 50	18 83	4 59	14 24	175 15
56 75	18 92	4 61	14 31	176 01
57 00	19 00	4 63	14 37	176 75
57 25	19 08	4 65	14 43	177 48
57 50	19 17	4 67	14 50	178 35
57 75	19 25	4 70	14 55	178 96
58 00	19 33	4 72	14 61	179 70
58 25	19 42	4 74	14 68	180 56
58 50	19 50	4 76	14 74	181 30
58 75	19 58	4 78	14 80	182 04
59 00	19 67	4 80	14 87	182 90
59 25	19 75	4 82	14 93	183 63
59 50	19 83	4 84	14 99	184 37
59 75	19 92	4 86	15 06	185 23
60 00	20 00	4 88	15 12	185 97
60 75	20 25	4 94	15 31	188 31
61 00	20 33	4 96	15 37	189 05
61 25	20 42	4 98	15 44	189 91
61 50	20 50	5 00	15 50	190 65
61 75	20 58	5 02	15 56	191 38
62 00	20 67	5 04	15 63	192 24
62 50	20 83	5 08	15 75	193 72
63 00	21 00	5 12	15 88	195 32
63 25	21 08	5 14	15 94	196 08
63 50	21 17	5 16	16 01	196 92
63 75	21 25	5 18	16 07	197 66
64 00	21 33	5 20	16 13	198 39
64 25	21 42	5 22	16 20	199 26
64 50	21 50	5 24	16 26	199 99
64 75	21 58	5 26	16 32	200 73
65 00	21 67	5 28	16 39	201 59
66 00	22 00	5 37	16 63	204 54
66 50	22 17	5 41	16 76	206 14
68 25	22 75	5 55	17 20	211 56
68 50	22 83	5 57	17 26	212 29
68 75	22 92	5 59	17 33	213 15
69 50	23 17	5 65	17 52	215 49
70 75	23 58	5 75	17 83	219 30
71 00	23 67	5 77	17 90	220 17
72 00	24 00	5 85	18 15	223 24
73 00	24 33	5 93	18 40	226 32
73 50	24 50	5 98	18 52	227 79
76 25	25 42	6 20	19 22	236 40
76 75	25 58	6 24	19 34	237 88
77 25	25 75	6 28	19 47	239 48
78 00	26 00	6 34	19 66	241 81
80 75	26 92	6 56	20 35	250 30
81 00	27 00	6 57	20 41	251 04
81 25	27 08	6 61	20 47	251 78
82 25	27 42	6 69	20 73	254 97
83 25	27 75	6 77	20 98	258 05

Taux 12f13

Taux 12f13

MONTANT TRIMESTRIEL DES PENSIONS en francs	en piastres abondé au taux de 3f00	en piastres au taux du jour de paiement	ABONDEMENT — Différence entre le montant en piastres payé au taux du jour et celui de 3f00	MONTANT en francs de l'abondement
83 50	27 83	6 79	21 04	258 79
83 75	27 92	6 81	21 11	259 65
84 75	28 25	6 89	21 36	262 72
85 75	28 58	6 97	21 61	265 80
87 75	29 25	7 13	22 12	272 07
88 50	29 50	7 20	22 30	274 29
88 75	29 58	7 22	22 36	275 02
89 00	29 67	7 24	22 43	275 88
90 00	30 00	7 32	22 68	278 96
90 75	30 25	7 38	22 87	281 30
91 25	30 42	7 42	23 00	282 90
92 00	30 67	7 48	23 19	285 23
92 25	30 75	7 50	23 25	285 97
92 50	30 83	7 52	23 31	286 71
93 00	31 00	7 56	23 44	288 31
94 50	31 50	7 68	23 82	292 98
96 50	32 17	7 85	24 32	299 13
97 25	32 42	7 91	24 51	301 47
97 50	32 50	7 93	24 57	302 21
98 75	32 92	8 03	24 89	306 14
99 00	33 00	8 05	24 95	306 88
100 00	33 33	8 13	25 20	309 96
101 50	33 83	8 25	25 58	314 63
102 00	34 00	8 29	25 71	316 23
102 25	34 08	8 31	25 77	316 97
102 50	34 17	8 33	25 84	317 83
103 00	34 33	8 37	25 96	319 30
103 50	34 50	8 41	26 09	320 90
104 00	34 67	8 46	26 21	322 38
104 25	34 75	8 48	26 27	323 12
104 75	34 92	8 52	26 40	324 72
105 00	35 00	8 54	26 46	325 45
105 75	35 25	8 60	26 65	327 79
106 75	35 58	8 68	26 90	330 87
107 25	35 75	8 72	27 03	332 48
108 00	36 00	8 78	27 22	334 80
108 25	36 08	8 80	27 28	335 54
108 50	36 17	8 82	27 35	336 40
113 00	37 67	9 10	28 48	350 30
114 75	38 25	9 33	28 92	355 71
115 75	38 58	9 41	29 17	358 79
116 00	38 67	9 43	29 24	359 65
116 25	38 75	9 45	29 30	360 39
117 00	39 00	9 51	29 49	362 72
120 00	40 00	9 76	30 24	371 95
125 00	41 67	10 16	31 51	387 57
126 00	42 00	10 24	31 76	390 64
126 75	42 25	10 30	31 93	392 98
127 50	42 50	10 37	32 13	395 19
127 75	42 58	10 39	32 19	395
128 75	42 92	10 47	32 45	399
135 00	45 00	10 98	34 02	418
136 50	45 50	11 10	34 40	423
137 25	45 75	11 16	34 59	425
139 50	46 50	11 34	35 16	432
141 25	47 08	11 48	35 60	437
141 50	47 17	11 50	35 67	438
144 00	48 00	11 71	36 29	446
146 25	48 75	11 89	36 86	453
151 25	50 42	12 30	38 12	468
153 00	51 00	12 44	38 56	474
154 50	51 50	12 56	38 94	478
155 25	51 75	12 62	39 13	481
156 00	52 00	12 68	39 32	483
162 00	54 00	13 17	40 83	502
162 75	54 25	13 23	41 02	504
165 75	55 25	13 48	41 77	513
167 25	55 75	13 60	42 15	518
169 50	56 50	13 78	42 72	525
171 00	57 00	13 90	43 10	530
174 25	58 08	14 17	43 94	540
175 50	58 50	14 27	44 23	544
180 00	60 00	14 63	45 37	558
180 25	60 08	14 65	45 43	558
183 75	61 25	14 94	46 31	569
185 25	61 75	15 06	46 69	574
186 00	62 00	15 12	46 88	576
193 00	64 33	15 69	48 64	598
195 00	65 00	15 85	49 15	604
197 75	65 92	16 08	49 84	613
204 00	68 00	16 59	51 41	632
206 00	68 67	16 75	51 92	638
209 25	69 75	17 01	52 74	648
211 75	70 58	17 22	53 36	656
216 00	72 00	17 56	54 44	669
219 00	73 00	17 80	55 20	678
221 00	73 67	17 97	55 70	685
225 00	75 00	18 29	56 71	697
226 00	75 33	18 37	56 96	700
231 75	77 25	18 84	58 41	718
232 50	77 50	18 90	58 60	720
240 00	80 00	19 51	60 49	744
244 50	81 50	19 88	61 62	757
254 25	84 75	20 67	64 08	788
257 50	85 83	20 93	64 90	798
268 50	89 50	21 83	67 67	832
282 50	94 17	22 97	71 20	875
360 00	120 00	29 27	90 73	1.115

BARÈME DES PENSIONS

Montant trimestriel des pensions — en francs	en piastres abondé au taux de 3/00	en piastres au taux du jour de paiement	Abondement (différence entre le montant en piastres payé au taux du jour et celui de 3/00)	Montant en francs de l'abondement
9 00	3 00	0 73	2 27	28 03
11 25	3 75	0 91	2 84	35 07
12 25	4 08	0 99	3 09	38 16
13 50	4 50	1 09	3 41	42 11
18 00	6 00	1 46	4 54	56 06
19 50	6 50	1 58	4 92	60 76
23 25	7 75	1 88	5 87	72 49
25 75	8 58	2 09	6 49	80 15
27 00	9 00	2 19	6 81	84 10
28 25	9 42	2 29	7 13	88 05
29 25	9 75	2 37	7 38	91 14
30 00	10 00	2 43	7 57	93 48
31 50	10 50	2 55	7 95	98 18
34 75	11 58	2 81	8 77	108 30
36 00	12 00	2 91	9 09	112 26
37 12	12 37	3 01	9 36	115 59
37 50	12 50	3 04	9 46	116 83
38 50	12 83	3 12	9 71	119 91
39 00	13 00	3 16	9 84	121 52
42 25	14 08	3 42	10 66	131 65
44 06	14 69	3 57	11 12	137 33
44 75	14 92	3 62	11 30	139 55
45 00	15 00	3 64	11 36	140 29
46 50	15 50	3 77	11 73	144 84
48 75	16 25	3 95	12 30	151 90
50 50	16 83	4 09	12 74	157 33
51 00	17 00	4 13	12 87	158 94
51 50	17 17	4 17	13 00	160 55
51 75	17 25	4 19	13 06	161 29
52 00	17 33	4 21	13 12	162 03
52 25	17 42	4 23	13 19	162 89
52 50	17 50	4 25	13 25	163 63
52 75	17 58	4 27	13 31	164 87
53 00	17 67	4 29	13 38	165 24
53 25	17 75	4 31	13 44	165 98
53 50	17 83	4 33	13 50	166 72
53 75	17 92	4 35	13 57	167 38
54 00	18 00	4 37	13 63	168 33
54 25	18 08	4 39	13 69	169 07
54 50	18 17	4 41	13 76	169 93
54 75	18 25	4 43	13 82	170 67
55 00	18 33	4 45	13 88	171 41
55 25	18 42	4 47	13 95	172 28
55 50	18 50	4 49	14 01	173 02
55 75	18 58	4 51	14 07	173 76
56 00	18 67	4 53	14 14	174 62
56 25	18 75	4 55	14 20	175 37
56 50	18 83	4 57	14 26	176 11
56 75	18 92	4 60	14 32	176 85

Montant trimestriel des pensions — en francs	en piastres abondé au taux de 3/00	en piastres au taux du jour de paiement	Abondement (différence entre le montant en piastres payé au taux du jour et celui de 3/00)	Montant en francs de l'abondement
57 00	19 00	4 62	14 38	177 59
57 25	19 08	4 64	14 44	178 33
57 50	19 17	4 66	14 51	179 19
57 75	19 25	4 68	14 57	179 93
58 00	19 33	4 70	14 63	180 68
58 25	19 42	4 72	14 70	181 54
58 50	19 50	4 74	14 76	182 28
58 75	19 58	4 76	14 82	183 02
59 00	19 67	4 78	14 89	183 89
59 25	19 75	4 80	14 95	184 63
59 50	19 83	4 82	15 01	185 37
59 75	19 92	4 84	15 08	186 23
60 00	20 00	4 86	15 11	186 97
60 75	20 25	4 92	15 33	189 32
61 00	20 33	4 94	15 39	190 06
61 25	20 42	4 96	15 46	190 93
61 50	20 50	4 98	15 52	191 67
61 75	20 58	5 00	15 58	192 41
62 00	20 67	5 02	15 65	193 27
62 50	20 83	5 06	15 77	194 75
63 00	21 00	5 10	15 90	196 36
63 25	21 08	5 12	15 96	197 10
63 50	21 17	5 14	16 03	197 97
63 75	21 25	5 16	16 09	198 71
64 00	21 33	5 18	16 15	199 45
64 25	21 42	5 20	16 22	200 31
64 50	21 50	5 22	16 28	201 05
64 75	21 58	5 24	16 34	201 79
65 00	21 67	5 26	16 41	202 66
66 00	22 00	5 34	16 66	205 75
66 50	22 17	5 38	16 79	207 35
68 25	22 75	5 53	17 22	212 66
68 50	22 83	5 55	17 28	213 40
68 75	22 92	5 57	17 35	214 27
69 50	23 17	5 63	17 54	216 61
70 75	23 58	5 73	17 85	220 44
71 00	23 67	5 75	17 92	221 31
72 00	24 00	5 83	18 17	224 39
73 00	24 33	5 91	18 42	227 48
73 50	24 50	5 95	18 55	229 09
76 25	25 42	6 17	19 25	237 73
76 75	25 58	6 21	19 37	239 21
77 25	25 75	6 26	19 49	240 70
78 00	26 00	6 32	19 68	243 04
80 75	26 92	6 54	20 38	251 69
81 00	27 00	6 56	20 44	252 43
81 25	27 08	6 58	20 50	253 17
82 25	27 42	6 66	20 76	256 38
83 25	27 75	6 74	21 01	259 47

Montant trimestriel des pensions — en francs	en piastres abondé au taux de 3/00	en piastres au taux du jour de paiement	Abondement (différence entre le montant en piastres payé au taux du jour et celui de 3/00)	Montant en francs de l'abondement
83 50	27 83	6 76	21 07	260 21
83 75	27 92	6 78	21 14	261 07
84 75	28 25	6 86	21 39	264 16
85 75	28 58	6 94	21 61	267 25
87 75	29 25	7 11	22 14	273 42
88 50	29 50	7 17	22 33	275 77
88 75	29 58	7 19	22 39	276 51
89 00	29 67	7 21	22 46	277 38
90 00	30 00	7 29	22 71	280 46
90 75	30 25	7 35	22 90	282 81
91 25	30 42	7 39	23 03	284 42
92 00	30 67	7 45	23 22	286 76
92 25	30 75	7 47	23 28	287 50
92 50	30 83	7 49	23 34	288 21
93 00	31 00	7 53	23 47	289 85
94 50	31 50	7 65	23 85	294 51
96 50	32 17	7 81	24 36	300 84
97 25	32 42	7 87	24 55	303 19
97 50	32 50	7 89	24 61	303 93
98 75	32 92	8 00	24 92	307 76
99 00	33 00	8 02	24 98	308 50
100 00	33 33	8 10	25 23	311 50
101 50	33 83	8 22	25 61	316 28
102 00	34 00	8 26	25 74	317 88
102 25	34 08	8 28	25 80	318 63
102 50	34 17	8 30	25 87	319 49
103 00	34 33	8 34	25 99	320 97
103 50	34 50	8 38	26 12	322 58
104 00	34 67	8 42	26 25	321 18
104 25	34 75	8 44	26 31	324 92
104 75	34 92	8 48	26 44	326 53
105 00	35 00	8 50	26 50	327 27
105 75	35 25	8 56	26 69	329 02
106 75	35 58	8 64	26 94	332 70
107 25	35 75	8 68	27 04	333 94
108 00	36 00	8 74	27 26	336 06
108 25	36 08	8 77	27 31	337 27
108 50	36 17	8 79	27 38	338 14
113 00	37 67	9 15	28 52	352 22
114 75	38 25	9 29	28 96	357 65
115 75	38 58	9 37	29 21	360 74
116 00	38 67	9 39	29 28	361 60
116 25	38 75	9 41	29 31	362 34
117 00	39 00	9 47	29 53	364 69
120 00	40 00	9 72	30 28	373 95
125 00	41 67	10 12	31 55	389 64
126 00	42 00	10 20	31 80	392 73
126 75	42 25	10 26	31 99	395 07
127 50	42 50	10 34	32 18	397 42

Montant trimestriel des pensions — en francs	en piastres abondé au taux de 3/00	en piastres au taux du jour de paiement	Abondement (différence entre le montant en piastres payé au taux du jour et celui de 3/00)	Montant en francs de l'abondement
127 75	42 58	10 34	32 24	398 16
128 75	42 92	10 43	32 49	401 25
135 00	45 00	10 93	31 07	420 76
136 50	45 50	11 05	34 45	425 45
137 25	45 75	11 11	34 64	427 80
139 50	46 50	11 30	35 20	434 72
141 25	47 08	11 41	35 64	440 15
141 50	47 17	11 46	35 71	441 01
144 00	48 00	11 66	36 34	448 79
146 25	48 75	11 84	35 91	455 83
151 25	50 42	12 25	38 17	471 30
153 00	51 00	12 39	38 61	476 83
154 50	51 50	12 51	38 99	481 52
155 25	51 75	12 57	39 18	483 87
156 00	52 00	12 63	39 37	486 21
162 00	54 00	13 12	40 88	504 86
162 75	54 25	13 18	41 07	507 21
165 75	55 25	13 42	41 83	516 60
167 25	55 75	13 54	42 21	521 29
169 50	56 60	13 72	42 78	528 33
171 00	57 00	13 85	43 15	532 90
174 25	58 08	14 11	43 97	543 02
175 50	58 50	14 21	44 29	546 98
180 00	60 00	14 57	45 43	561 06
180 25	60 08	14 60	45 48	561 67
183 75	61 25	14 88	46 37	572 66
185 25	61 75	15 00	46 75	577 36
186 00	62 00	15 06	46 94	579 70
193 00	64 33	15 63	48 70	601 44
195 00	65 00	15 79	49 21	607 74
197 75	65 92	16 01	49 91	616 38
204 00	68 00	16 52	51 48	635 77
206 00	68 67	16 68	51 99	642 07
209 25	69 75	16 94	52 81	652 20
211 75	70 58	17 15	53 43	659 86
216 00	72 00	17 49	54 51	673 19
219 00	73 00	17 73	55 27	682 58
221 00	73 67	17 89	55 78	688 88
225 00	75 00	18 22	56 78	701 23
226 00	75 33	18 30	57 03	704 32
231 75	77 25	18 77	58 48	722 22
232 50	77 50	18 83	58 67	724 57
240 00	80 00	19 43	60 57	748 03
244 50	81 50	19 80	61 70	761 99
251 25	84 75	20 59	64 16	792 37
257 50	85 83	20 85	64 98	802 50
268 50	89 50	21 74	67 76	830 83
282 50	94 17	22 87	71 30	880 55
300 00	120 00	29 15	90 85	1.121 99

BARÊME DES PENSIONS

Taux 12f40 — Taux 1214

Les valeurs sont indiquées en francs et centimes (ex. `9,00` = 9 francs 00). La dernière colonne du dernier bloc (MONTANT en francs de l'abondement) est coupée au bord de la page : seules les parties entières visibles sont reproduites.

MONTANT TRIMESTRIEL DES PENSIONS			ABONDEMENT	MONTANT en francs de l'abondement
en francs	en piastres abondé au taux de 3f00	en piastres au taux du jour de paiement	Différence entre le montant en piastres payé au taux du jour et celui de 3f00	
9,00	3,00	0,73	2,27	28,14
11,25	3,75	0,91	2,84	35,21
12,25	4,08	0,99	3,09	38,31
13,50	4,50	1,09	3,41	42,28
18,00	6,00	1,45	4,55	56,42
19,50	6,50	1,57	4,93	61,13
23,25	7,75	1,88	5,87	72,78
25,75	8,58	2,08	6,50	80,60
27,00	9,00	2,18	6,82	84,56
28,25	9,42	2,28	7,14	88,53
29,25	9,75	2,36	7,39	91,63
30,00	10,00	2,42	7,58	93,99
31,50	10,50	2,54	7,96	98,70
34,75	11,58	2,80	8,78	108,87
36,00	12,00	2,90	9,10	112,84
37,12	12,37	2,99	9,38	116,31
37,50	12,50	3,02	9,48	117,55
38,50	12,83	3,10	9,73	120,65
39,00	13,00	3,15	9,85	122,14
42,25	14,08	3,41	10,67	132,30
44,06	14,69	3,55	11,14	138,13
44,75	14,92	3,61	11,31	140,24
45,00	15,00	3,63	11,37	140,98
46,50	15,50	3,75	11,75	145,70
48,75	16,25	3,93	12,32	152,76
50,50	16,83	4,07	12,76	158,22
51,00	17,00	4,11	12,89	159,83
51,50	17,17	4,15	13,02	161,44
51,75	17,25	4,17	13,08	162,19
52,00	17,33	4,19	13,14	162,93
52,25	17,42	4,21	13,21	163,80
52,50	17,50	4,23	13,27	164,54
52,75	17,58	4,25	13,33	165,29
53,00	17,67	4,27	13,40	166,16
53,25	17,75	4,29	13,46	166,90
53,50	17,83	4,31	13,52	167,64
53,75	17,92	4,33	13,59	168,51
54,00	18,00	4,35	13,65	169,26
54,25	18,08	4,37	13,71	170,00
54,50	18,17	4,40	13,77	170,74
54,75	18,25	4,42	13,83	171,49
55,00	18,33	4,44	13,89	172,23
55,25	18,42	4,46	13,96	173,10
55,50	18,50	4,48	14,02	173,84
55,75	18,58	4,50	14,08	174,59
56,00	18,67	4,52	14,15	175,46
56,25	18,75	4,54	14,21	176,20
56,50	18,83	4,56	14,27	176,94
56,75	18,92	4,58	14,34	177,81

MONTANT TRIMESTRIEL DES PENSIONS			ABONDEMENT	MONTANT en francs de l'abondement
en francs	en piastres abondé au taux de 3f00	en piastres au taux du jour de paiement	Différence entre le montant en piastres payé au taux du jour et celui de 3f00	
57,00	19,00	4,60	14,40	178,56
57,25	19,08	4,62	14,46	179,30
57,50	19,17	4,64	14,53	180,17
57,75	19,25	4,66	14,59	180,91
58,00	19,33	4,68	14,65	181,66
58,25	19,42	4,70	14,72	182,52
58,50	19,50	4,72	14,78	183,27
58,75	19,58	4,74	14,84	184,01
59,00	19,67	4,76	14,91	184,88
59,25	19,75	4,78	14,97	185,62
59,50	19,83	4,80	15,03	186,37
59,75	19,92	4,82	15,10	187,24
60,00	20,00	4,84	15,16	187,98
60,75	20,25	4,90	15,35	190,34
61,00	20,33	4,92	15,41	191,08
61,25	20,42	4,94	15,48	191,95
61,50	20,50	4,96	15,54	192,69
61,75	20,58	4,98	15,60	193,44
62,00	20,67	5,00	15,67	194,30
62,50	20,83	5,04	15,79	195,79
63,00	21,00	5,08	15,92	197,40
63,25	21,08	5,10	15,98	198,15
63,50	21,17	5,12	16,05	199,02
63,75	21,25	5,14	16,11	199,76
64,00	21,33	5,16	16,17	200,50
64,25	21,42	5,18	16,24	201,37
64,50	21,50	5,20	16,30	202,12
64,75	21,58	5,22	16,36	202,86
65,00	21,67	5,24	16,43	203,73
66,00	22,00	5,32	16,68	206,83
66,50	22,17	5,36	16,81	208,44
68,25	22,75	5,50	17,25	213,90
68,50	22,83	5,52	17,31	214,64
68,75	22,92	5,54	17,38	215,51
69,50	23,17	5,60	17,57	217,86
70,75	23,58	5,71	17,87	221,58
71,00	23,67	5,73	17,94	222,45
72,00	24,00	5,81	18,19	225,55
73,00	24,33	5,89	18,44	228,65
73,50	24,50	5,93	18,57	230,26
76,25	25,42	6,15	19,27	238,94
76,75	25,58	6,19	19,39	240,43
77,25	25,75	6,23	19,52	242,04
78,00	26,00	6,29	19,71	244,40
80,75	26,92	6,51	20,41	253,08
81,00	27,00	6,53	20,47	253,82
81,25	27,08	6,55	20,53	254,57
82,25	27,42	6,63	20,79	257,79
83,25	27,75	6,71	21,04	260,89

MONTANT TRIMESTRIEL DES PENSIONS			ABONDEMENT	MONTANT en francs de l'abondement
en francs	en piastres abondé au taux de 3f00	en piastres au taux du jour de paiement	Différence entre le montant en piastres payé au taux du jour et celui de 3f00	
83,50	27,83	6,73	21,10	261,64
83,75	27,92	6,75	21,17	262,50
84,75	28,25	6,83	21,42	265,60
85,75	28,58	6,92	21,66	268,58
87,75	29,25	7,08	22,17	274,90
88,50	29,50	7,14	22,36	277,26
88,75	29,58	7,16	22,42	278,00
89,00	29,67	7,18	22,49	278,87
90,00	30,00	7,26	22,74	281,97
90,75	30,25	7,32	22,93	284,33
91,25	30,42	7,36	23,06	285,94
92,00	30,67	7,42	23,25	288,30
92,25	30,75	7,44	23,31	289,04
92,50	30,83	7,46	23,37	289,78
93,00	31,00	7,50	23,50	291,40
94,50	31,50	7,62	23,88	296,11
96,50	32,17	7,78	24,39	302,43
97,25	32,42	7,84	24,58	304,79
97,50	32,50	7,86	24,64	305,53
98,75	32,92	7,96	24,96	309,50
99,00	33,00	7,98	25,02	310,24
100,00	33,33	8,06	25,27	313,34
101,50	33,83	8,19	25,64	317,93
102,00	34,00	8,23	25,77	319,54
102,25	34,08	8,25	25,83	320,29
102,50	34,17	8,27	25,90	321,16
103,00	34,33	8,31	26,02	322,64
103,50	34,50	8,35	26,15	324,26
104,00	34,67	8,39	26,28	325,87
104,25	34,75	8,44	26,31	326,24
104,75	34,92	8,45	26,47	328,22
105,00	35,00	8,47	26,53	328,97
105,75	35,25	8,53	26,72	331,32
106,75	35,58	8,61	26,97	334,42
107,25	35,75	8,65	27,10	336,04
108,00	36,00	8,71	27,29	338,39
108,25	36,08	8,73	27,35	339,14
108,50	36,17	8,75	27,42	340,00
113,00	37,67	9,11	28,56	354,14
114,75	38,25	9,25	29,00	359,60
115,75	38,58	9,33	29,25	362,70
116,00	38,67	9,35	29,32	363,56
116,25	38,75	9,37	29,38	364,31
117,00	39,00	9,44	29,56	366,54
120,00	40,00	9,68	30,32	375,96
125,00	41,67	10,08	31,59	391,71
126,00	42,00	10,16	31,84	394,81
126,75	42,25	10,22	32,03	397,17
127,50	42,50	10,28	32,22	399,52

MONTANT TRIMESTRIEL DES PENSIONS			ABONDEMENT	MONTANT en francs de l'abondement
en francs	en piastres abondé au taux de 3f00	en piastres au taux du jour de paiement	Différence entre le montant en piastres payé au taux du jour et celui de 3f00	
127,75	42,58	10,30	32,28	400
128,75	42,92	10,38	32,54	403
135,00	45,00	10,89	34,11	422
136,50	45,50	11,01	34,49	427
137,25	45,75	11,07	34,68	430
139,50	46,50	11,25	35,25	437
141,25	47,08	11,39	35,69	442
141,50	47,17	11,41	35,76	443
144,00	48,00	11,61	36,39	451
146,25	48,75	11,79	36,96	458
151,25	50,42	12,20	38,22	473
153,00	51,00	12,34	38,66	479
154,50	51,50	12,46	39,04	484
155,25	51,75	12,52	39,23	486
156,00	52,00	12,58	39,42	488
162,00	54,00	13,06	40,94	507
162,75	54,25	13,12	41,13	510
165,75	55,25	13,37	41,88	519
167,25	55,75	13,49	42,26	524
169,50	56,50	13,67	42,83	531
171,00	57,00	13,79	43,21	535
174,25	58,08	14,05	44,03	545
175,50	58,50	14,15	44,35	549
180,00	60,00	14,52	45,48	563
180,25	60,08	14,54	45,54	564
183,75	61,25	14,82	46,43	575
185,25	61,75	14,94	46,81	580
186,00	62,00	15,00	47,00	582
193,00	64,33	15,56	48,77	604
195,00	65,00	15,73	49,27	610
197,75	65,92	15,95	49,97	619
204,00	68,00	16,45	51,55	639
206,00	68,67	16,61	52,06	645
209,25	69,75	16,87	52,88	653
211,75	70,58	17,08	53,50	663
216,00	72,00	17,42	54,58	676
219,00	73,00	17,66	55,34	686
221,00	73,67	17,82	55,85	692
225,00	75,00	18,15	56,85	704
226,00	75,33	18,23	57,10	708
231,75	77,25	18,69	58,56	726
232,50	77,50	18,75	58,75	728
240,00	80,00	19,35	60,65	752
244,50	81,50	19,72	61,78	766
254,25	84,75	20,50	64,25	796
257,50	85,83	20,77	65,06	806
268,50	89,50	21,65	67,85	841
282,50	94,17	22,78	71,39	885
360,00	120,00	29,03	90,97	1,128

BARÊME DES PENSIONS

MONTANT TRIMESTRIEL DES PENSIONS — en francs · en piastres abondé au taux de 3600 · en piastres au taux du jour de paiement — **ABONNEMENT** (Différence entre le montant en piastres payé au taux du jour et celui de 3600) — **MONTANT en francs de l'abonnement**

MONTANT TRIMESTRIEL DES PENSIONS			ABONNEMENT	MONTANT en francs
en francs	en piastres abondé au taux de 3600	en piastres au taux du jour de paiement	Différence entre le montant en piastres payé au taux du jour et celui de 3600	de l'abonnement
9.00	3.00	0.72	2.28	28.38
11.25	3.75	0.90	2.85	35.48
12.25	4.08	0.98	3.10	38.59
13.50	4.50	1.08	3.42	42.37
18.00	6.00	1.45	4.55	56.64
19.50	6.50	1.57	4.93	61.37
23.25	7.73	1.87	5.88	73.20
25.75	8.58	2.07	6.51	81.04
27.00	9.00	2.17	6.83	85.03
28.25	9.42	2.27	7.15	89.01
29.25	9.75	2.35	7.40	92.13
30.00	10.00	2.41	7.59	94.49
31.50	10.50	2.53	7.97	99.22
34.75	11.58	2.79	8.79	109.43
36.00	12.00	2.89	9.11	113.41
37.12	12.37	2.98	9.39	116.90
37.50	12.50	3.01	9.49	118.15
38.50	12.83	3.09	9.74	121.26
39.00	13.00	3.13	9.87	122.88
42.25	14.08	3.39	10.69	133.09
44.06	14.69	3.54	11.15	138.81
44.75	14.92	3.59	11.33	141.05
45.00	15.00	3.61	11.39	141.80
46.50	15.30	3.73	11.77	146.53
48.75	16.25	3.94	12.33	153.50
50.50	16.83	4.06	12.77	158.98
51.00	17.00	4.10	12.90	160.60
51.50	17.17	4.14	13.03	162.22
51.75	17.25	4.16	13.09	162.97
52.00	17.33	4.18	13.15	163.71
52.25	17.42	4.20	13.22	164.58
52.50	17.50	4.22	13.28	165.33
52.75	17.58	4.24	13.34	166.08
53.00	17.67	4.26	13.41	166.95
53.25	17.75	4.28	13.47	167.70
53.50	17.83	4.30	13.53	168.44
53.75	17.92	4.32	13.60	169.32
54.00	18.00	4.34	13.66	170.06
54.25	18.08	4.36	13.72	170.81
54.50	18.17	4.38	13.79	171.68
54.75	18.25	4.40	13.85	172.43
55.00	18.33	4.42	13.91	173.17
55.25	18.42	4.44	13.98	174.05
55.50	18.50	4.46	14.04	174.79
55.75	18.58	4.48	14.10	175.54
56.00	18.67	4.50	14.17	176.41
56.25	18.75	4.52	14.23	177.16
56.50	18.83	4.54	14.29	177.91
56.75	18.92	4.56	14.36	178.78

MONTANT TRIMESTRIEL DES PENSIONS			ABONNEMENT	MONTANT en francs
en francs	en piastres abondé au taux de 3600	en piastres au taux du jour de paiement	Différence entre le montant en piastres payé au taux du jour et celui de 3600	de l'abonnement
57.00	19.00	4.58	14.42	179.52
57.25	19.08	4.60	14.48	180.27
57.50	19.17	4.62	14.55	181.14
57.75	19.25	4.64	14.61	181.89
58.00	19.33	4.66	14.67	182.64
58.25	19.42	4.68	14.74	183.51
58.50	19.50	4.70	14.80	184.26
58.75	19.58	4.72	14.86	185.00
59.00	19.67	4.74	14.93	185.87
59.25	19.75	4.76	14.99	186.62
59.50	19.83	4.78	15.05	187.37
59.75	19.92	4.80	15.12	188.24
60.00	20.00	4.82	15.18	188.99
60.73	20.25	4.88	15.37	191.35
61.00	20.33	4.90	15.43	192.10
61.25	20.42	4.92	15.50	192.97
61.50	20.50	4.94	15.56	193.72
61.73	20.58	4.96	15.62	194.46
62.00	20.67	4.98	15.69	195.34
62.50	20.83	5.02	15.81	196.83
63.00	21.00	5.06	15.94	198.13
63.25	21.08	5.08	16.00	199.20
63.50	21.17	5.10	16.07	200.07
63.75	21.25	5.12	16.13	200.81
64.00	21.33	5.14	16.19	201.56
64.25	21.42	5.16	16.26	202.43
64.50	21.50	5.18	16.32	203.18
64.75	21.58	5.20	16.38	203.93
65.00	21.67	5.22	16.45	204.80
66.00	22.00	5.30	16.70	207.01
66.50	22.17	5.34	16.83	209.53
68.25	22.75	5.48	17.27	215.01
68.50	22.83	5.50	17.33	215.75
68.75	22.92	5.52	17.40	216.63
69.50	23.17	5.58	17.59	218.99
70.75	23.58	5.68	17.90	222.85
71.00	23.67	5.70	17.97	223.72
72.00	24.00	5.78	18.22	226.83
73.00	24.33	5.86	18.47	229.95
73.50	24.50	5.90	18.60	231.57
76.25	25.42	6.12	19.30	240.28
76.75	25.58	6.16	19.42	241.77
77.25	25.75	6.20	19.55	243.39
78.00	26.00	6.27	19.73	245.63
80.75	26.92	6.49	20.43	254.35
81.00	27.00	6.51	20.49	255.10
81.25	27.08	6.53	20.55	255.84
82.25	27.42	6.61	20.81	259.08
83.25	27.75	6.69	21.06	262.19

MONTANT TRIMESTRIEL DES PENSIONS			ABONNEMENT	MONTANT en francs
en francs	en piastres abondé au taux de 3600	en piastres au taux du jour de paiement	Différence entre le montant en piastres payé au taux du jour et celui de 3600	de l'abonnement
83.50	27.83	6.71	21.12	262.91
83.75	27.92	6.73	21.19	263.81
84.75	28.25	6.81	21.44	266.92
85.75	28.58	6.89	21.69	270.04
87.75	29.25	7.05	22.20	276.39
88.50	29.50	7.11	22.39	278.75
88.75	29.58	7.13	22.45	279.50
89.00	29.67	7.15	22.52	280.37
90.00	30.00	7.23	22.77	283.48
90.75	30.25	7.29	22.96	285.85
91.25	30.42	7.33	23.09	287.47
92.00	30.67	7.39	23.28	289.83
92.25	30.75	7.41	23.31	290.58
92.50	30.83	7.43	23.40	291.33
93.00	31.00	7.47	23.53	292.94
94.50	31.50	7.59	23.91	297.57
96.50	32.17	7.75	24.42	304.02
97.25	32.42	7.81	24.61	306.39
97.50	32.50	7.83	24.67	307.14
98.75	32.92	7.93	24.99	311.12
99.00	33.00	7.95	25.05	311.87
100.00	33.33	8.03	25.30	314.98
101.50	33.83	8.15	25.68	319.71
102.00	34.00	8.19	25.81	321.33
102.25	34.08	8.21	25.87	322.08
102.50	34.17	8.23	25.94	322.95
103.00	34.33	8.27	26.06	324.44
103.50	34.50	8.31	26.19	326.06
104.00	34.67	8.35	26.32	327.68
104.25	34.75	8.37	26.38	328.43
104.75	34.92	8.41	26.51	330.04
105.00	35.00	8.43	26.57	330.79
105.75	35.25	8.49	26.76	333.16
106.75	35.58	8.57	27.01	336.27
107.25	35.75	8.61	27.14	337.89
108.00	36.00	8.67	27.33	340.25
108.25	36.08	8.69	27.39	341.00
108.50	36.17	8.71	27.46	341.87
113.00	37.67	9.08	28.59	355.94
114.75	38.25	9.22	29.03	361.42
115.75	38.58	9.30	29.28	364.53
116.00	38.67	9.32	29.35	365.40
116.25	38.75	9.34	29.41	366.15
117.00	39.00	9.40	29.60	368.52
120.00	40.00	9.64	30.36	377.98
125.00	41.67	10.04	31.63	393.79
126.00	42.00	10.12	31.88	395.90
126.75	42.25	10.18	32.07	399.27
127.50	42.50	10.24	32.26	401.63

MONTANT TRIMESTRIEL DES PENSIONS			ABONNEMENT	MONTANT en francs
en francs	en piastres abondé au taux de 3600	en piastres au taux du jour de paiement	Différence entre le montant en piastres payé au taux du jour et celui de 3600	de l'abonnement
127.75	42.58	10.26	32.32	402.38
128.75	42.92	10.34	32.58	405.62
135.00	45.00	10.84	34.16	425.29
136.50	45.50	10.96	34.54	430.02
137.25	45.75	11.02	34.73	432.38
139.50	46.50	11.20	35.30	439.48
141.25	47.08	11.35	35.73	444.83
141.50	47.17	11.37	35.80	445.71
144.00	48.00	11.57	36.43	453.55
146.25	48.75	11.75	37.00	460.65
151.25	50.42	12.15	38.27	476.46
153.00	51.00	12.29	38.71	481.93
154.50	51.50	12.41	39.09	486.67
155.25	51.75	12.47	39.28	489.03
156.00	52.00	12.53	39.47	491.40
162.00	54.00	13.01	40.99	510.32
162.75	54.25	13.07	41.18	512.69
165.75	55.25	13.31	41.94	522.15
167.25	55.75	13.43	42.32	526.88
169.50	56.50	13.61	42.89	533.98
171.00	57.00	13.73	43.27	538.71
174.25	58.08	14.00	44.08	548.79
175.50	58.50	14.10	44.40	552.78
180.00	60.00	14.46	45.54	566.97
180.25	60.08	14.48	45.60	567.72
183.75	61.25	14.76	46.49	578.80
185.25	61.75	14.88	46.87	583.53
186.00	62.00	14.94	47.06	585.89
193.00	64.33	15.50	48.83	607.93
195.00	65.00	15.66	49.34	614.28
197.75	65.92	15.88	50.04	622.99
204.00	68.00	16.39	51.61	642.54
206.00	68.67	16.55	52.12	648.39
209.25	69.75	16.81	52.94	659.10
211.75	70.58	17.01	53.57	666.94
216.00	72.00	17.35	54.65	680.89
219.00	73.00	17.59	55.41	689.85
221.00	73.67	17.75	55.92	696.20
225.00	75.00	18.07	56.93	708.77
226.00	75.33	18.15	57.18	711.89
231.75	77.25	18.61	58.64	730.06
232.50	77.50	18.67	58.93	733.67
240.00	80.00	19.28	60.72	755.96
244.50	81.50	19.64	61.86	770.15
254.25	84.75	20.42	64.33	800.90
257.50	85.83	20.68	65.15	811.11
268.50	89.50	21.57	67.93	845.72
282.50	94.17	22.69	71.48	889.92
360.00	120.00	28.92	91.08	1.153.94

BARÊME DES PENSIONS

Taux 12f50

MONTANT TRIMESTRIEL DES PENSIONS — en francs	en piastres abondé au taux de 3f00	en piastres au taux du jour de paiement	ABONNEMENT (Différence entre le montant en piastres payé au taux du jour et celui de 3f00)	MONTANT en francs de l'abondement	MONTANT TRIMESTRIEL DES PENSIONS — en francs	en piastres abondé au taux de 3f00	en piastres au taux du jour de paiement	ABONNEMENT (Différence entre le montant en piastres payé au taux du jour et celui de 3f00)	MONTANT en francs de l'abondement
9,00	3,00	0,72	2,28	28,50	57,00	19,00	4,56	14,44	180,50
11,25	3,75	0,90	2,85	35,62	57,25	19,08	4,58	14,50	181,21
12,25	4,08	0,98	3,10	38,75	57,50	19,17	4,60	14,57	182,12
13,50	4,50	1,08	3,42	42,73	57,75	19,25	4,62	14,63	182,87
18,00	6,00	1,44	4,56	57,00	58,00	19,33	4,64	14,69	183,62
19,50	6,50	1,56	4,94	61,75	58,25	19,42	4,66	14,76	184,50
23,25	7,75	1,86	5,89	73,62	58,50	19,50	4,68	14,82	185,25
25,75	8,58	2,06	6,52	81,50	58,75	19,58	4,70	14,88	186,00
27,00	9,00	2,16	6,84	85,50	59,00	19,67	4,72	14,95	186,87
28,25	9,42	2,26	7,16	89,50	59,25	19,75	4,74	15,01	187,62
29,25	9,75	2,34	7,41	92,62	59,50	19,83	4,76	15,07	188,37
30,00	10,00	2,40	7,60	95,00	59,75	19,92	4,78	15,14	189,25
31,50	10,50	2,52	7,98	99,75	60,00	20,00	4,80	15,20	190,00
34,75	11,58	2,78	8,80	110,00	60,75	20,25	4,86	15,39	192,37
36,00	12,00	2,88	9,12	114,00	61,00	20,33	4,88	15,45	193,12
37,12	12,37	2,97	9,40	117,50	61,25	20,42	4,90	15,52	194,00
37,50	12,50	3,00	9,50	118,75	61,50	20,50	4,92	15,58	194,75
38,50	12,83	3,08	9,75	121,87	61,75	20,58	4,94	15,64	195,30
39,00	13,00	3,12	9,88	123,50	62,00	20,67	4,96	15,71	196,37
42,25	14,08	3,38	10,70	133,75	62,30	20,83	5,00	15,83	197,87
44,06	14,69	3,52	11,17	139,62	63,00	21,00	5,04	15,96	199,50
44,75	14,92	3,58	11,34	141,75	63,25	21,08	5,06	16,02	200,25
45,00	15,00	3,60	11,40	142,50	63,50	21,17	5,08	16,09	201,12
46,50	15,50	3,72	11,78	147,25	63,75	21,23	5,10	16,15	201,87
48,75	16,25	3,90	12,35	154,37	64,00	21,33	5,12	16,21	202,62
50,50	16,83	4,04	12,79	159,87	64,25	21,42	5,14	16,28	203,50
51,00	17,00	4,08	12,92	161,50	64,50	21,50	5,16	16,34	204,25
51,50	17,17	4,12	13,05	163,12	64,75	21,58	5,18	16,40	205,00
51,75	17,25	4,14	13,11	163,87	65,00	21,67	5,20	16,47	205,87
52,00	17,33	4,16	13,17	164,62	66,00	22,00	5,28	16,72	209,00
52,25	17,42	4,18	13,24	165,50	66,50	22,17	5,32	16,85	210,62
52,50	17,50	4,20	13,30	166,25	68,25	22,73	5,46	17,29	216,12
52,75	17,58	4,22	13,36	167,00	68,50	22,83	5,48	17,35	216,87
53,00	17,67	4,24	13,43	167,87	68,75	22,92	5,50	17,42	217,75
53,25	17,75	4,26	13,49	168,62	69,50	23,17	5,56	17,61	220,12
53,50	17,83	4,28	13,55	169,37	70,75	23,58	5,66	17,92	224,00
53,75	17,92	4,30	13,62	170,25	71,00	23,67	5,68	17,90	224,87
54,00	18,00	4,32	13,68	171,00	72,00	24,00	5,70	18,21	228,00
54,25	18,08	4,34	13,74	171,75	73,00	24,33	5,84	18,49	231,12
54,50	18,17	4,36	13,81	172,62	73,50	24,50	5,88	18,62	232,75
54,75	18,25	4,38	13,87	173,37	76,25	25,42	6,10	19,32	241,50
55,00	18,33	4,40	13,93	174,12	76,75	25,58	6,14	19,44	243,00
55,25	18,42	4,42	14,00	175,00	77,25	25,75	6,18	19,57	244,62
55,50	18,50	4,44	14,06	175,75	78,00	26,00	6,24	19,76	247,00
55,75	18,58	4,46	14,12	176,50	80,75	26,92	6,46	20,46	255,75
56,00	18,67	4,48	14,19	177,37	81,00	27,00	6,48	20,52	256,50
56,25	18,75	4,50	14,25	178,12	81,25	27,08	6,50	20,58	257,25
56,50	18,83	4,52	14,31	178,87	82,25	27,42	6,58	20,84	260,50
56,75	18,92	4,54	14,38	179,75	83,25	27,75	6,66	21,09	263,62

Taux 12f5

MONTANT TRIMESTRIEL DES PENSIONS — en francs	en piastres abondé au taux de 3f00	en piastres au taux du jour de paiement	ABONNEMENT (Différence entre le montant en piastres payé au taux du jour et celui de 3f00)	MONTANT en francs de l'abondement	MONTANT TRIMESTRIEL DES PENSIONS — en francs	en piastres abondé au taux de 3f00	en piastres au taux du jour de paiement	ABONNEMENT (Différence entre le montant en piastres payé au taux du jour et celui de 3f00)	MONTANT en francs de l'abondement
83,50	27,83	6,68	21,15	264,37	127,75	42,58	10,22	32,36	404
83,75	27,92	6,70	21,22	265,25	128,75	42,92	10,30	32,62	407
84,75	28,25	6,78	21,47	268,37	133,00	45,00	10,80	34,20	427
85,75	28,58	6,86	21,72	271,50	136,50	45,50	10,92	34,58	432
87,75	29,25	7,02	22,23	277,87	137,25	45,75	10,98	34,77	434
88,50	29,50	7,08	22,42	280,25	139,50	46,50	11,16	35,34	441
88,75	29,58	7,10	22,48	281,00	141,25	47,08	11,30	35,78	447
89,00	29,67	7,12	22,53	281,87	141,50	47,17	11,32	35,85	448
90,00	30,00	7,20	22,80	285,00	144,00	48,00	11,52	36,48	450
90,75	30,25	7,26	22,99	287,37	146,25	48,75	11,70	37,05	463
91,25	30,42	7,30	23,12	289,00	151,25	50,42	12,10	38,32	479
92,00	30,67	7,36	23,31	291,37	153,00	51,00	12,24	38,76	484
92,25	30,75	7,38	23,37	292,12	154,50	51,50	12,36	39,14	489
92,50	30,83	7,40	23,43	292,87	155,25	51,75	12,42	39,33	491
93,00	31,00	7,44	23,56	294,50	156,00	52,00	12,48	39,52	494
94,50	31,50	7,56	23,94	299,25	162,00	54,00	12,96	41,04	513
96,50	32,17	7,72	24,15	305,62	162,75	54,25	13,02	41,23	515
97,25	32,42	7,78	24,64	308,00	166,75	55,25	13,26	41,99	524
97,50	32,50	7,80	24,70	308,75	167,25	55,75	13,38	42,37	537
98,75	32,92	7,90	25,02	312,75	169,50	56,50	13,56	43,32	536
99,00	33,00	7,92	25,08	313,50	171,00	57,00	13,68	43,32	537
100,00	33,33	8,00	25,33	316,62	174,25	58,08	13,94	44,14	551
101,50	33,83	8,12	25,71	321,37	175,50	58,50	14,04	44,46	555
102,00	34,00	8,16	25,84	323,00	180,00	60,00	14,40	45,60	570
102,25	34,08	8,18	25,90	323,75	180,25	60,08	14,42	45,66	570
102,50	34,17	8,20	25,97	324,62	183,75	61,25	14,70	46,55	581
103,00	34,33	8,24	26,09	326,12	185,25	61,75	14,82	46,93	588
103,50	34,50	8,28	26,22	327,75	188,00	62,00	14,88	47,12	588
104,00	34,67	8,32	26,35	329,37	193,00	64,33	15,44	48,89	611
104,25	34,75	8,34	26,41	330,12	195,00	65,00	15,60	49,40	617
104,75	34,92	8,38	26,54	331,75	197,75	65,92	15,82	50,10	626
105,00	35,00	8,40	26,60	332,50	204,00	68,00	16,32	51,68	646
105,75	35,25	8,46	26,79	334,87	206,00	68,67	16,48	52,19	652
106,75	35,58	8,54	27,04	338,00	209,25	69,75	16,74	53,01	662
107,25	35,75	8,58	27,17	339,62	211,75	70,58	16,94	53,72	668
108,00	36,00	8,64	27,36	342,00	216,00	72,00	17,28	54,72	684
108,25	36,08	8,66	27,42	342,75	219,00	73,00	17,52	55,48	693
108,50	36,17	8,68	27,49	343,62	221,00	73,67	17,68	55,99	699
113,00	37,67	9,04	28,63	357,87	225,00	75,00	18,00	57,00	712
114,75	38,25	9,18	29,07	363,37	226,00	75,33	18,08	57,25	715
115,75	38,58	9,26	29,32	366,50	231,75	77,25	18,54	58,71	733
116,00	38,67	9,28	29,39	367,37	232,50	77,50	18,60	58,90	736
116,25	38,75	9,30	29,45	368,12	240,00	80,00	19,20	60,80	766
117,00	39,00	9,36	29,64	370,50	244,50	81,50	19,56	61,94	774
120,00	40,00	9,60	30,40	380,00	251,25	84,75	20,34	64,41	805
125,00	41,67	10,00	31,67	392,87	257,50	85,83	20,60	65,23	815
126,00	42,00	10,08	31,92	399,00	268,50	89,50	21,48	68,02	850
126,75	42,25	10,14	32,11	401,37	282,50	94,17	22,60	71,57	894
127,50	42,50	10,20	32,30	403,75	360,00	120,00	28,80	91,20	1,14

BARÊME DES PENSIONS

MONTANT TRIMESTRIEL DES PENSIONS			ABONDEMENT — Différence entre le montant en piastres payé au taux du jour et celui de 3f00	MONTANT en francs de l'abondement
en francs	en piastres abondé au taux de 3f00	en piastres au taux du jour de paiement		
9 00	3 00	0 72	2 28	28 61
11 25	3 75	0 90	2 85	35 76
12 25	4 08	0 98	3 10	38 90
13 50	4 50	1 08	3 42	42 92
18 00	6 00	1 43	4 57	57 35
19 50	6 50	1 55	4 95	62 12
23 25	7 75	1 85	5 90	74 04
25 75	8 58	2 05	6 53	81 95
27 00	9 00	2 15	6 85	85 96
28 25	9 42	2 25	7 17	89 98
29 25	9 75	2 33	7 42	93 12
30 00	10 00	2 39	7 61	95 50
31 50	10 50	2 51	7 99	100 27
34 75	11 58	2 77	8 81	110 56
36 00	12 00	2 87	9 13	114 58
37 12	12 37	2 96	9 41	118 09
37 50	12 50	2 99	9 51	119 35
38 50	12 83	3 07	9 76	122 48
39 00	13 00	3 11	9 89	124 11
42 25	14 08	3 37	10 71	134 41
44 06	14 69	3 51	11 18	140 30
44 75	14 92	3 57	11 35	142 44
45 00	15 00	3 59	11 41	143 19
46 50	15 50	3 71	11 79	147 96
48 75	16 25	3 88	12 37	155 24
50 50	16 83	4 02	12 81	160 76
51 00	17 00	4 06	12 94	162 39
51 50	17 17	4 10	13 07	164 02
51 75	17 25	4 12	13 13	164 78
52 00	17 33	4 14	13 19	165 53
52 25	17 42	4 16	13 26	166 41
52 50	17 50	4 18	13 32	167 16
52 75	17 58	4 20	13 38	167 91
53 00	17 67	4 22	13 45	168 79
53 25	17 75	4 24	13 51	169 35
53 50	17 83	4 26	13 57	170 30
53 75	17 92	4 28	13 64	171 18
54 00	18 00	4 30	13 70	171 93
54 25	18 08	4 32	13 76	172 68
54 50	18 17	4 34	13 83	173 56
54 75	18 25	4 36	13 89	174 31
55 00	18 33	4 38	13 95	175 07
55 25	18 42	4 40	14 02	175 95
55 50	18 50	4 42	14 08	176 70
55 75	18 58	4 44	14 14	177 45
56 00	18 67	4 46	14 21	178 33
56 25	18 75	4 48	14 27	179 08
56 50	18 83	4 50	14 33	179 84
56 75	18 92	4 52	14 40	180 72

MONTANT TRIMESTRIEL DES PENSIONS			ABONDEMENT — Différence entre le montant en piastres payé au taux du jour et celui de 3f00	MONTANT en francs de l'abondement
en francs	en piastres abondé au taux de 3f00	en piastres au taux du jour de paiement		
57 00	19 00	4 54	14 46	181 47
57 25	19 08	4 56	14 52	182 22
57 50	19 17	4 58	14 59	183 10
57 75	19 25	4 60	14 65	183 85
58 00	19 33	4 62	14 71	184 61
58 25	19 42	4 64	14 78	185 48
58 50	19 50	4 66	14 84	186 24
58 75	19 58	4 68	14 90	186 99
59 00	19 67	4 70	14 97	187 87
59 25	19 75	4 72	15 03	188 62
59 50	19 83	4 74	15 09	189 37
59 75	19 92	4 76	15 16	190 25
60 00	20 00	4 78	15 22	191 01
60 75	20 25	4 84	15 41	193 39
61 00	20 33	4 86	15 47	194 14
61 25	20 42	4 88	15 54	195 02
61 50	20 50	4 90	15 60	195 78
61 75	20 58	4 92	15 66	196 53
62 00	20 67	4 94	15 73	197 41
62 50	20 83	4 98	15 85	198 91
63 00	21 00	5 02	15 98	200 54
63 25	21 08	5 04	16 04	201 30
63 50	21 17	5 06	16 11	202 18
63 75	21 25	5 08	16 17	202 93
64 00	21 33	5 10	16 23	203 68
64 25	21 42	5 12	16 30	204 56
64 50	21 50	5 14	16 36	205 31
64 75	21 58	5 16	16 42	206 07
65 00	21 67	5 18	16 49	206 94
66 00	22 00	5 26	16 74	210 08
66 50	22 17	5 30	16 87	211 71
68 25	22 75	5 44	17 31	217 24
68 50	22 83	5 46	17 37	217 99
68 75	22 92	5 48	17 44	218 87
69 50	23 17	5 54	17 63	221 25
70 75	23 58	5 64	17 94	225 14
71 00	23 67	5 66	18 01	226 02
72 00	24 00	5 74	18 26	229 16
73 00	24 33	5 82	18 51	232 30
73 50	24 50	5 86	18 64	233 93
76 25	25 42	6 08	19 34	242 71
76 75	25 58	6 12	19 46	244 22
77 25	25 75	6 16	19 59	245 85
78 00	26 00	6 22	19 78	248 23
80 75	26 92	6 43	20 49	257 14
81 00	27 00	6 45	20 55	257 90
81 25	27 08	6 47	20 61	258 65
82 25	27 42	6 55	20 87	261 91
83 25	27 75	6 63	21 12	265 05

MONTANT TRIMESTRIEL DES PENSIONS			ABONDEMENT — Différence entre le montant en piastres payé au taux du jour et celui de 3f00	MONTANT en francs de l'abondement
en francs	en piastres abondé au taux de 3f00	en piastres au taux du jour de paiement		
83 50	27 83	6 65	21 18	265 80
83 75	27 92	6 67	21 25	266 68
84 75	28 25	6 75	21 50	269 82
85 75	28 58	6 83	21 75	272 96
87 75	29 25	6 99	22 26	279 36
88 50	29 50	7 05	22 45	281 74
88 75	29 58	7 07	22 51	282 50
89 00	29 67	7 09	22 58	283 37
90 00	30 00	7 17	22 83	286 51
90 75	30 25	7 23	23 02	288 90
91 25	30 42	7 27	23 15	290 53
92 00	30 67	7 33	23 34	292 91
92 25	30 75	7 35	23 40	293 67
92 50	30 83	7 37	23 46	294 42
93 00	31 00	7 41	23 59	296 05
94 50	31 50	7 53	23 97	300 82
96 50	32 17	7 69	24 48	307 22
97 25	32 42	7 75	24 67	309 60
97 50	32 50	7 77	24 73	310 36
98 75	32 92	7 87	25 05	314 37
99 00	33 00	7 89	25 11	315 13
100 00	33 33	7 97	25 36	318 26
101 50	33 83	8 09	25 74	323 03
102 00	34 00	8 13	25 87	324 66
102 25	34 08	8 15	25 93	325 42
102 50	34 17	8 17	26 00	326 30
103 00	34 33	8 21	26 12	327 80
103 50	34 50	8 25	26 25	329 43
104 00	34 67	8 29	26 38	331 06
104 25	34 75	8 31	26 44	331 82
104 75	34 92	8 35	26 57	333 45
105 00	35 00	8 37	26 63	334 20
105 75	35 25	8 43	26 82	336 59
106 75	35 58	8 51	27 07	339 72
107 25	35 75	8 55	27 20	341 36
108 00	36 00	8 61	27 39	343 74
108 25	36 08	8 63	27 45	344 49
108 50	36 17	8 65	27 52	345 37
113 00	37 67	9 00	28 67	359 80
114 75	38 25	9 14	29 11	365 33
115 75	38 58	9 22	29 36	368 46
116 00	38 67	9 24	29 43	369 34
116 25	38 75	9 26	29 49	370 09
117 00	39 00	9 32	29 68	372 48
120 00	40 00	9 56	30 44	382 02
125 00	41 67	9 93	31 71	397 96
126 00	42 00	10 04	31 96	401 00
126 75	42 25	10 10	32 15	403 48
127 50	42 50	10 16	32 34	405 86

MONTANT TRIMESTRIEL DES PENSIONS			ABONDEMENT — Différence entre le montant en piastres payé au taux du jour et celui de 3f00	MONTANT en francs de l'abondement
en francs	en piastres abondé au taux de 3f00	en piastres au taux du jour de paiement		
127 75	42 58	10 18	32 40	406 62
128 75	42 92	10 26	32 66	409 88
135 00	45 00	10 76	34 24	429 71
136 50	45 50	10 88	34 62	434 48
137 25	45 75	10 94	34 81	436 86
139 50	46 50	11 12	35 38	444 01
141 25	47 08	11 25	35 83	449 66
141 50	47 17	11 27	35 90	450 54
144 00	48 00	11 47	36 53	458 45
146 25	48 75	11 65	37 10	465 60
151 25	50 42	12 05	38 37	481 54
153 00	51 00	12 19	38 81	487 06
154 50	51 50	12 31	39 19	491 83
155 25	51 75	12 37	39 38	494 21
156 00	52 00	12 43	39 57	496 60
162 00	54 00	12 91	41 09	515 67
162 75	54 25	12 07	41 28	518 06
165 75	55 25	13 21	42 04	527 60
167 25	55 75	13 33	42 42	532 37
169 50	56 50	13 51	42 99	539 52
171 00	57 00	13 63	43 37	544 29
174 25	58 08	13 88	44 20	554 71
175 50	58 50	13 98	44 52	558 72
180 00	60 00	14 34	45 66	573 03
180 25	60 08	14 36	45 72	573 78
183 75	61 25	14 64	46 61	584 95
185 25	61 75	14 76	46 99	589 72
188 00	62 00	14 82	47 18	592 10
193 00	64 33	15 88	48 95	614 32
195 00	65 00	15 54	49 46	620 72
197 75	65 92	15 76	50 16	629 50
204 00	68 00	16 25	51 75	649 48
206 00	68 67	16 41	52 26	655 88
209 25	69 75	16 67	53 08	666 15
211 75	70 58	16 87	53 71	674 06
216 00	72 00	17 21	54 79	687 61
219 00	73 00	17 45	55 55	697 15
221 00	73 67	17 61	56 06	703 55
225 00	75 00	17 93	57 07	716 22
226 00	75 33	18 01	57 32	719 36
231 75	77 25	18 47	58 78	737 68
232 50	77 50	18 53	58 97	740 07
240 00	80 00	19 12	60 88	764 04
244 50	81 50	19 48	62 02	778 35
254 25	84 75	20 26	64 49	809 34
257 50	85 83	20 52	65 31	819 64
268 50	89 50	21 39	68 11	854 78
282 50	94 17	22 51	71 66	899 33
360 00	120 00	28 69	91 81	1.145 94

BARÊME DES PENSIONS

MONTANT TRIMESTRIEL DES PENSIONS			ABONDEMENT	MONTANT
en francs	en piastres abondé au taux de 3f00	en piastres au taux du jour de paiement	Différence entre le montant en piastres payé au taux du jour et celui de 3f00	en francs de l'abondement
9 00	3 00	0 71	2 29	28 85
11 25	3 75	0 89	2 86	36 03
12 25	4 08	0 97	3 11	39 18
13 50	4 50	1 07	3 43	43 21
18 00	6 00	1 43	4 57	57 58
19 50	6 50	1 55	4 95	62 37
23 25	7 75	1 85	5 90	74 34
25 75	8 58	2 04	6 54	82 40
27 00	9 00	2 14	6 86	86 43
28 25	9 42	2 24	7 18	90 46
29 25	9 75	2 32	7 43	93 61
30 00	10 00	2 38	7 62	96 01
31 50	10 50	2 50	8 00	100 80
34 75	11 58	2 76	8 82	111 13
36 00	12 00	2 86	9 14	115 16
37 12	12 37	2 95	9 42	118 69
37 50	12 50	2 98	9 52	119 95
38 50	12 83	3 06	9 77	123 10
39 00	13 00	3 10	9 90	124 74
42 25	14 08	3 35	10 73	135 19
44 06	14 69	3 50	11 19	140 99
44 75	14 92	3 55	11 37	143 26
45 00	15 00	3 57	11 43	144 01
46 50	15 50	3 69	11 81	148 80
48 75	16 25	3 87	12 38	155 98
50 50	16 83	4 01	12 82	161 53
51 00	17 00	4 05	12 95	163 17
51 50	17 17	4 09	13 08	164 80
51 75	17 25	4 11	13 14	165 56
52 00	17 33	4 13	13 20	166 32
52 25	17 42	4 15	13 27	167 20
52 50	17 50	4 17	13 33	167 95
52 75	17 58	4 19	13 39	168 71
53 00	17 67	4 21	13 46	169 59
53 25	17 75	4 23	13 52	170 35
53 50	17 83	4 25	13 58	171 10
53 75	17 92	4 27	13 65	171 99
54 00	18 00	4 29	13 71	172 74
54 25	18 08	4 31	13 77	173 50
54 50	18 17	4 33	13 84	174 38
54 75	18 25	4 35	13 90	175 14
55 00	18 33	4 37	13 96	175 89
55 25	18 42	4 38	14 04	176 90
55 50	18 50	4 40	14 10	177 66
55 75	18 58	4 42	14 16	178 41
56 00	18 67	4 44	14 23	179 29
56 25	18 75	4 46	14 29	180 05
56 50	18 83	4 48	14 35	180 81
56 75	18 92	4 50	14 42	181 69
57 00	19 00	4 52	14 48	182 44
57 25	19 08	4 54	14 54	183 20
57 50	19 17	4 56	14 61	184 08
57 75	19 25	4 58	14 67	184 84
58 00	19 33	4 60	14 73	185 59
58 25	19 42	4 62	14 80	186 48
58 50	19 50	4 64	14 86	187 23
58 75	19 58	4 66	14 92	187 99
59 00	19 67	4 68	14 99	188 87
59 25	19 75	4 70	15 05	189 63
59 50	19 83	4 72	15 11	190 38
59 75	19 92	4 74	15 18	191 28
60 00	20 00	4 76	15 24	192 02
60 75	20 25	4 82	15 43	194 41
61 00	20 33	4 84	15 49	195 17
61 25	20 42	4 86	15 56	195 98
61 50	20 50	4 88	15 62	196 81
61 75	20 58	4 90	15 68	197 56
62 00	20 67	4 92	15 75	198 45
62 50	20 83	4 96	15 87	199 96
63 00	21 00	5 00	16 00	201 60
63 25	21 08	5 02	16 06	202 35
63 50	21 17	5 04	16 13	203 23
63 75	21 25	5 06	16 19	203 99
64 00	21 33	5 08	16 25	204 75
64 25	21 42	5 10	16 32	205 63
64 50	21 50	5 12	16 38	206 38
64 75	21 58	5 14	16 44	207 14
65 00	21 67	5 16	16 51	208 02
66 00	22 00	5 24	16 76	211 17
66 50	22 17	5 28	16 89	212 81
68 25	22 75	5 42	17 33	218 35
68 50	22 83	5 44	17 39	219 11
69 50	23 17	5 52	17 65	222 39
70 75	23 58	5 62	17 96	226 29
71 00	23 67	5 63	18 04	227 30
72 00	24 00	5 71	18 29	230 45
73 00	24 33	5 79	18 54	233 60
73 50	24 50	5 83	18 67	235 24
76 25	25 42	6 05	19 37	244 06
76 75	25 58	6 09	19 49	245 57
77 25	25 75	6 13	19 62	247 21
78 00	26 00	6 19	19 81	249 60
80 75	26 92	6 41	20 51	258 42
81 00	27 00	6 43	20 57	259 18
81 25	27 08	6 45	20 63	259 93
82 25	27 42	6 53	20 89	263 21
83 25	27 75	6 61	21 14	268 36
83 50	27 83	6 63	21 20	267 12
83 75	27 92	6 65	21 27	268 00
84 75	28 25	6 73	21 52	271 15
85 75	28 58	6 81	21 77	274 30
87 75	29 25	6 96	22 29	280 85
88 50	29 50	7 02	22 48	283 21
88 75	29 58	7 04	22 54	284 00
89 00	29 67	7 06	22 61	284 88
90 00	30 00	7 14	22 86	288 03
90 75	30 25	7 20	23 05	290 43
91 25	30 42	7 24	23 18	292 06
92 00	30 67	7 30	23 37	294 46
92 25	30 75	7 32	23 43	295 21
92 50	30 83	7 34	23 49	295 97
93 00	31 00	7 38	23 62	297 61
94 50	31 50	7 50	24 00	302 40
96 50	32 17	7 66	24 51	308 82
97 25	32 42	7 72	24 70	311 22
97 50	32 50	7 74	24 76	311 97
98 75	32 92	7 84	25 08	316 00
99 00	33 00	7 86	25 14	316 76
100 00	33 33	7 94	25 39	319 91
101 50	33 83	8 06	25 77	324 70
102 00	34 00	8 10	25 90	326 34
102 25	34 08	8 12	25 96	327 09
102 50	34 17	8 14	26 03	327 97
103 00	34 33	8 17	26 16	329 61
103 50	34 50	8 21	26 29	331 25
104 00	34 67	8 25	26 42	332 89
104 25	34 75	8 27	26 48	333 64
104 75	34 92	8 31	26 61	335 28
105 00	35 00	8 33	26 67	336 04
105 75	35 25	8 39	26 86	338 43
106 75	35 58	8 47	27 11	341 58
107 25	35 75	8 51	27 24	343 22
108 00	36 00	8 57	27 43	345 61
108 25	36 08	8 59	27 49	346 37
108 50	36 17	8 61	27 56	347 25
113 00	37 67	8 97	28 70	361 62
114 75	38 25	9 11	29 14	367 16
115 75	38 58	9 19	29 39	370 31
116 00	38 67	9 21	29 46	371 19
116 25	38 75	9 23	29 52	371 95
117 00	39 00	9 29	29 71	374 34
120 00	40 00	9 52	30 48	384 01
125 00	41 67	9 92	31 75	400 03
126 00	42 00	10 00	32 00	403 20
126 75	42 25	10 06	32 19	405 59
127 50	42 50	10 12	32 38	407 98
127 75	42 58	10 14	32 44	408
128 75	42 92	10 22	32 70	412
133 00	45 00	10 71	34 29	432
136 50	45 50	10 83	34 67	438
137 25	45 75	10 89	34 86	439
139 50	46 50	11 07	35 43	440
141 25	47 08	11 21	35 87	451
141 50	47 17	11 23	35 94	452
144 00	48 00	11 43	36 57	460
146 25	48 75	11 61	37 14	467
151 25	50 42	12 00	38 42	484
153 00	51 00	12 14	38 86	489
154 50	51 50	12 26	39 24	494
155 25	51 75	12 32	39 43	497
156 00	52 00	12 38	39 62	499
162 00	54 00	12 86	41 14	518
162 75	54 25	12 92	41 33	520
165 75	55 25	13 15	42 10	530
167 25	55 75	13 27	42 48	535
169 50	56 50	13 45	43 05	542
171 00	57 00	13 57	43 43	547
174 25	58 08	13 83	44 25	557
175 50	58 50	13 93	44 57	561
180 00	60 00	14 29	45 71	575
180 25	60 08	14 31	45 77	576
183 75	61 25	14 58	46 67	588
185 25	61 75	14 70	47 05	592
186 00	62 00	14 76	47 24	595
193 00	64 33	15 32	49 01	617
195 00	65 00	15 48	49 52	623
197 75	65 92	15 60	50 23	632
204 00	68 00	16 19	51 81	652
206 00	68 67	16 33	52 32	659
209 25	69 75	16 61	53 14	660
211 75	70 58	16 77	53 81	673
216 00	72 00	17 14	54 86	691
219 00	73 00	17 38	55 62	700
221 00	73 67	17 54	56 13	707
225 00	75 00	17 86	57 14	719
226 00	75 33	17 94	57 30	723
231 75	77 25	18 39	58 86	741
232 50	77 50	18 45	59 05	744
240 00	80 00	19 05	60 95	767
244 50	81 50	19 40	62 10	782
251 25	83 75	20 18	64 57	813
257 50	85 83	20 44	65 39	823
268 50	89 50	21 31	68 19	859
282 50	94 17	22 42	71 75	904
360 00	120 00	28 57	91 43	1,152

BARÊME DES PENSIONS

MONTANT TRIMESTRIEL DES PENSIONS			ABONDEMENT	MONTANT
en francs	en piastres abondé au taux de 3f00	en piastres au taux du jour de paiement	Différence entre le montant en piastres payé au taux du jour et celui de 3f00	en francs de l'abondement
9 00	3 00	0 71	2 29	28 96
11 25	3 75	0 89	2 86	36 17
12 25	4 08	0 97	3 11	39 34
13 50	4 50	1 07	3 43	43 38
18 00	6 00	1 42	4 58	57 93
19 50	6 50	1 54	4 96	62 74
23 25	7 75	1 84	5 91	74 76
25 75	8 58	2 04	6 54	82 73
27 00	9 00	2 13	6 87	86 90
28 25	9 42	2 23	7 19	90 95
29 25	9 75	2 31	7 44	94 11
30 00	10 00	2 37	7 63	96 51
31 50	10 50	2 49	8 01	101 32
34 75	11 58	2 75	8 83	111 69
36 00	12 00	2 85	9 15	115 74
37 12	12 37	2 93	9 44	119 41
37 50	12 50	2 96	9 54	120 68
38 50	12 83	3 04	9 79	123 84
39 00	13 00	3 08	9 92	125 48
42 25	14 08	3 34	10 74	135 86
44 06	14 69	3 48	11 21	141 80
44 75	14 92	3 54	11 38	143 95
45 00	15 00	3 56	11 44	144 71
46 50	15 50	3 68	11 82	149 52
48 75	16 25	3 85	12 40	156 86
50 50	16 83	3 99	12 84	162 42
51 00	17 00	4 03	12 97	164 07
51 50	17 17	4 07	13 10	165 71
51 75	17 25	4 09	13 16	166 47
52 00	17 33	4 11	13 22	167 23
52 25	17 42	4 13	13 28	168 11
52 50	17 50	4 15	13 35	168 87
52 75	17 58	4 17	13 41	169 63
53 00	17 67	4 19	13 48	170 52
53 25	17 75	4 21	13 54	171 28
53 50	17 83	4 23	13 60	172 04
53 75	17 92	4 25	13 67	172 92
54 00	18 00	4 27	13 73	173 68
54 25	18 08	4 29	13 79	174 44
54 50	18 17	4 31	13 86	175 32
54 75	18 25	4 33	13 92	176 08
55 00	18 33	4 35	13 98	176 84
55 25	18 42	4 37	14 05	177 73
55 50	18 50	4 39	14 11	178 49
55 75	18 58	4 41	14 17	179 25
56 00	18 67	4 43	14 24	180 13
56 25	18 75	4 45	14 30	180 89
56 50	18 83	4 47	14 36	181 65
56 75	18 92	4 49	14 43	182 53
57 00	19 00	4 51	14 49	183 29
57 25	19 08	4 53	14 55	184 05
57 50	19 17	4 55	14 62	184 94
57 75	19 25	4 57	14 68	185 70
58 00	19 33	4 58	14 75	186 58
58 25	19 42	4 60	14 82	187 47
58 50	19 50	4 62	14 88	188 23
58 75	19 58	4 64	14 94	188 99
59 00	19 67	4 66	15 01	189 87
59 25	19 75	4 68	15 07	190 63
59 50	19 83	4 70	15 13	191 39
59 75	19 92	4 72	15 20	192 28
60 00	20 00	4 74	15 26	193 03
60 75	20 25	4 80	15 45	195 44
61 00	20 33	4 82	15 51	196 20
61 25	20 42	4 84	15 58	197 08
61 50	20 50	4 86	15 64	197 84
61 75	20 58	4 88	15 70	198 60
62 00	20 67	4 90	15 77	199 49
62 50	20 83	4 94	15 89	201 00
63 00	21 00	4 98	16 02	202 65
63 25	21 08	5 00	16 08	203 41
63 50	21 17	5 02	16 15	204 29
63 75	21 25	5 04	16 21	205 05
64 00	21 33	5 06	16 27	205 81
64 25	21 42	5 08	16 34	206 70
64 50	21 50	5 10	16 40	207 46
64 75	21 58	5 12	16 46	208 21
65 00	21 67	5 14	16 53	209 10
66 00	22 00	5 22	16 78	212 26
66 50	22 17	5 26	16 91	213 91
68 25	22 75	5 40	17 35	219 47
68 50	22 83	5 42	17 41	220 23
68 75	22 92	5 43	17 49	221 24
69 50	23 17	5 49	17 68	223 65
70 75	23 58	5 59	17 99	227 57
71 00	23 67	5 61	18 06	228 45
72 00	24 00	5 69	18 31	231 62
73 00	24 33	5 77	18 56	234 78
73 50	24 50	5 81	18 69	236 42
76 25	25 42	6 03	19 39	245 28
76 75	25 58	6 07	19 51	246 80
77 25	25 75	6 11	19 64	248 44
78 00	26 00	6 17	19 83	250 84
80 75	26 92	6 38	20 54	259 83
81 00	27 00	6 40	20 60	260 59
81 25	27 08	6 42	20 66	261 34
82 25	27 42	6 50	20 92	264 63
83 25	27 75	6 58	21 17	267 80
83 50	27 83	6 60	21 23	268 55
83 75	27 92	6 62	21 30	269 44
84 75	28 25	6 70	21 55	272 60
85 75	28 58	6 78	21 80	275 77
87 75	29 25	6 94	22 31	282 22
88 50	29 50	7 00	22 50	284 62
88 75	29 58	7 02	22 56	285 38
89 00	29 67	7 04	22 63	286 26
90 00	30 00	7 11	22 89	289 55
90 75	30 25	7 17	23 08	291 96
91 25	30 42	7 21	23 21	293 60
92 00	30 67	7 27	23 40	296 01
92 25	30 75	7 29	23 46	296 76
92 50	30 83	7 31	23 52	297 52
93 00	31 00	7 35	23 65	299 17
94 50	31 50	7 47	24 03	303 97
96 50	32 17	7 63	24 54	310 43
97 25	32 42	7 69	24 73	312 83
97 50	32 50	7 71	24 79	313 59
98 75	32 92	7 81	25 11	317 64
99 00	33 00	7 83	25 17	318 40
100 00	33 33	7 91	25 42	321 56
101 50	33 83	8 02	25 81	326 49
102 00	34 00	8 06	25 94	328 14
102 25	34 08	8 08	26 00	328 90
102 50	34 17	8 10	26 07	329 78
103 00	34 33	8 14	26 19	331 30
103 50	34 50	8 18	26 32	332 94
104 00	34 67	8 22	26 45	334 59
104 25	34 75	8 24	26 51	335 35
104 75	34 92	8 28	26 64	336 99
105 00	35 00	8 30	26 70	337 75
105 75	35 25	8 36	26 89	340 15
106 75	35 58	8 44	27 14	343 32
107 25	35 75	8 48	27 27	344 96
108 00	36 00	8 54	27 46	347 36
108 25	36 08	8 56	27 52	348 12
108 50	36 17	8 58	27 59	349 01
113 00	37 67	8 93	28 74	363 56
114 75	38 25	9 07	29 18	369 12
115 75	38 58	9 15	29 43	372 28
116 00	38 67	9 17	29 50	373 17
116 25	38 75	9 19	29 56	373 93
117 00	39 00	9 25	29 75	376 33
120 00	40 00	9 49	30 51	385 95
125 00	41 67	9 88	31 79	402 14
126 00	42 00	9 96	32 04	405 30
126 75	42 25	10 02	32 23	407 70
127 50	42 50	10 08	32 42	410 11
127 75	42 58	10 10	32 48	410 87
128 75	42 92	10 18	32 74	414 16
135 00	45 00	10 67	34 33	434 27
136 50	45 50	10 79	34 71	439 08
137 25	45 75	10 85	34 90	441 48
139 50	46 50	11 03	35 47	448 69
141 25	47 08	11 17	35 91	454 26
141 50	47 17	11 19	35 98	455 14
144 00	48 00	11 38	36 62	463 24
146 25	48 75	11 56	37 19	470 45
151 25	50 42	11 96	38 46	486 51
153 00	51 00	12 09	38 91	492 21
154 50	51 50	12 21	39 29	497 01
155 25	51 75	12 27	39 48	499 42
156 00	52 00	12 33	39 67	501 82
162 00	54 00	12 81	41 19	521 05
162 75	54 25	12 87	41 38	523 45
165 75	55 25	13 10	42 15	533 19
167 25	55 75	13 22	42 53	538 00
169 50	56 50	13 40	43 10	545 21
171 00	57 00	13 52	43 48	550 02
174 25	58 08	13 77	44 31	560 52
175 50	58 50	13 87	44 63	564 56
180 00	60 00	14 23	45 77	578 99
180 25	60 08	14 25	45 83	579 74
183 75	61 25	14 53	46 72	590 00
185 25	61 75	14 64	47 11	595 94
186 00	62 00	14 70	47 30	598 34
193 00	64 33	15 26	49 07	620 73
195 00	65 00	15 42	49 58	627 18
197 75	65 92	15 63	50 29	636 16
204 00	68 00	16 13	51 87	656 15
206 00	68 67	16 28	52 39	662 73
209 25	69 75	16 54	53 21	673 10
211 75	70 58	16 74	53 84	681 07
216 00	72 00	17 08	54 92	694 73
219 00	73 00	17 31	55 69	704 47
221 00	73 67	17 47	56 20	710 93
225 00	75 00	17 79	57 21	723 70
226 00	75 33	17 87	57 46	726 86
231 75	77 25	18 32	58 93	745 46
232 50	77 50	18 38	59 12	747 86
240 00	80 00	18 97	61 03	772 02
244 50	81 50	19 33	62 17	786 45
251 25	84 75	20 10	64 65	817 82
257 50	85 83	20 36	65 47	828 19
268 50	89 50	21 23	68 27	863 61
282 50	94 17	22 33	71 84	908 77
360 00	120 00	28 46	91 54	1.157 98

BARÊME DES PENSIONS

Each of the four column-groups below has the same structure: **MONTANT TRIMESTRIEL DES PENSIONS** (en francs — en piastres abondé au taux de 3100 — en piastres au taux du jour de paiement), **ABONDEMENT** (Différence entre le montant en piastres payé au taux du jour et celui de 3100), and **MONTANT en francs de l'abondement**.

Groupes 1 et 2

en francs	en piastres abondé au taux de 3100	en piastres au taux du jour de paiement	ABONDEMENT (Différence…)	MONTANT en francs de l'abondement	en francs	en piastres abondé au taux de 3100	en piastres au taux du jour de paiement	ABONDEMENT (Différence…)	MONTANT en francs de l'abondement
9 00	3 00	0 71	2 29	29 08	57 00	19 00	4 49	14 51	184 27
11 25	3 75	0 89	2 86	36 32	57 25	19 08	4 51	14 57	185 03
12 25	4 08	0 96	3 12	39 62	57 50	19 17	4 53	14 64	185 92
13 50	4 50	1 06	3 44	43 68	57 75	19 25	4 55	14 70	186 69
18 00	6 00	1 42	4 58	58 16	58 00	19 33	4 57	14 76	187 45
19 50	6 50	1 54	4 96	62 99	58 25	19 42	4 59	14 83	188 34
23 25	7 75	1 83	5 92	75 18	58 50	19 50	4 61	14 89	189 10
25 75	8 58	2 03	6 55	83 18	58 75	19 58	4 63	14 93	189 86
27 00	9 00	2 13	6 87	87 24	59 00	19 67	4 65	15 02	190 75
28 25	9 42	2 22	7 20	91 44	59 25	19 75	4 67	15 08	191 51
29 25	9 75	2 30	7 45	94 61	59 50	19 83	4 69	15 14	192 27
30 00	10 00	2 36	7 64	97 02	59 75	19 92	4 70	15 22	193 29
31 50	10 50	2 48	8 04	101 85	60 00	20 00	4 72	15 28	194 05
34 75	11 58	2 74	8 84	112 26	60 75	20 25	4 78	15 47	196 46
36 00	12 00	2 83	9 17	116 45	61 00	20 33	4 80	15 53	197 23
37 12	12 37	2 92	9 45	120 01	61 25	20 42	4 82	15 60	198 12
37 50	12 50	2 95	9 53	121 28	61 50	20 50	4 84	15 66	198 88
38 50	12 83	3 03	9 80	124 46	61 75	20 58	4 86	15 72	199 64
39 00	13 00	3 07	9 93	126 11	62 00	20 67	4 88	15 79	200 53
42 25	14 08	3 33	10 75	130 52	62 50	20 83	4 92	15 91	202 05
44 06	14 69	3 47	11 22	142 49	63 00	21 00	4 96	16 04	203 70
44 75	14 92	3 52	11 40	144 78	63 25	21 08	4 98	16 10	204 47
45 00	15 00	3 54	11 46	145 51	63 50	21 17	5 00	16 17	205 35
46 50	15 50	3 66	11 84	150 36	63 75	21 25	5 02	16 23	206 12
48 75	16 25	3 84	12 41	157 60	64 00	21 33	5 04	16 29	206 88
50 50	16 83	3 98	12 85	163 19	64 25	21 42	5 06	16 36	207 77
51 00	17 00	4 02	12 98	164 84	64 50	21 50	5 08	16 42	208 53
51 50	17 17	4 06	13 11	166 49	64 75	21 58	5 10	16 48	209 29
51 75	17 25	4 07	13 18	167 38	65 00	21 67	5 12	16 55	210 18
52 00	17 33	4 09	13 21	168 14	66 00	22 00	5 20	16 80	213 36
52 25	17 42	4 11	13 30	168 91	66 50	22 17	5 24	16 93	215 01
52 50	17 50	4 13	13 37	169 79	68 25	22 75	5 37	17 38	220 72
52 75	17 58	4 15	13 43	170 56	68 50	22 83	5 39	17 44	221 48
53 00	17 67	4 17	13 50	171 45	68 75	22 92	5 41	17 51	222 37
53 25	17 75	4 19	13 56	172 21	69 50	23 17	5 47	17 70	224 79
53 50	17 83	4 21	13 62	172 97	70 75	23 58	5 57	18 01	228 72
53 75	17 92	4 23	13 69	173 86	71 00	23 67	5 59	18 08	229 61
54 00	18 00	4 25	13 75	175 02	72 00	24 00	5 67	18 33	232 79
54 25	18 08	4 27	13 81	175 38	73 00	24 33	5 75	18 58	235 96
54 50	18 17	4 29	13 88	176 27	73 50	24 50	5 79	18 71	237 64
54 75	18 25	4 31	13 94	177 03	76 25	25 42	6 00	19 42	246 63
55 00	18 33	4 33	14 00	177 80	76 75	25 58	6 04	19 54	248 15
55 25	18 42	4 35	14 07	178 68	77 25	25 75	6 08	19 67	249 80
55 50	18 50	4 37	14 13	179 45	78 00	26 00	6 14	19 86	252 22
55 75	18 58	4 39	14 19	180 21	80 75	26 92	6 36	20 57	261 23
56 00	18 67	4 41	14 26	181 10	81 00	27 00	6 38	20 62	261 87
56 25	18 75	4 43	14 32	181 86	81 25	27 08	6 40	20 68	262 63
56 50	18 83	4 45	14 38	182 62	82 25	27 42	6 48	20 94	265 93
56 75	18 92	4 47	14 45	183 51	83 25	27 75	6 50	21 10	269 11

Groupes 3 et 4

en francs	en piastres abondé au taux de 3100	en piastres au taux du jour de paiement	ABONDEMENT (Différence…)	MONTANT en francs de l'abondement	en francs	en piastres abondé au taux de 3100	en piastres au taux du jour de paiement	ABONDEMENT (Différence…)	MONTANT en francs de l'abondement
83 50	27 83	6 57	21 26	270 00	127 75	42 58	10 06	32 52	[illegible]
83 75	27 92	6 59	21 33	270 89	128 75	42 92	10 14	32 78	[illegible]
84 75	28 25	6 67	21 58	274 06	135 00	45 00	10 63	34 37	[illegible]
85 75	28 58	6 75	21 83	277 24	136 50	45 50	10 75	34 75	[illegible]
87 75	29 25	6 91	22 34	283 71	137 25	45 75	10 81	34 94	[illegible]
88 50	29 50	6 97	22 53	286 13	139 50	46 50	10 98	35 52	[illegible]
88 75	29 58	6 99	22 59	286 89	141 25	47 08	11 12	35 96	[illegible]
89 00	29 67	7 01	22 66	287 78	141 50	47 17	11 14	36 03	[illegible]
90 00	30 00	7 09	22 91	290 95	144 00	48 00	11 31	36 66	[illegible]
90 75	30 25	7 15	23 10	293 37	148 25	48 75	11 52	37 23	[illegible]
91 25	30 42	7 19	23 23	295 02	151 25	50 42	11 91	38 51	[illegible]
92 00	30 67	7 24	23 43	297 58	153 00	51 00	12 05	38 95	[illegible]
92 25	30 75	7 26	23 49	298 32	154 50	51 50	12 17	39 33	[illegible]
92 50	30 83	7 28	23 55	299 08	155 25	51 75	12 22	39 53	[illegible]
93 00	31 00	7 32	23 68	300 73	156 00	52 00	12 28	39 72	[illegible]
94 50	31 50	7 44	24 06	305 56	162 00	54 00	12 76	41 24	[illegible]
96 50	32 17	7 60	24 37	312 03	162 75	54 25	12 81	41 44	[illegible]
97 25	32 42	7 66	24 76	314 45	165 75	55 25	13 05	42 20	[illegible]
97 50	32 50	7 68	24 82	315 21	167 25	55 75	13 17	42 58	[illegible]
98 75	32 92	7 78	25 14	319 27	169 50	56 60	13 35	43 15	[illegible]
99 00	33 00	7 80	25 20	320 04	171 00	57 00	13 46	43 54	[illegible]
100 00	33 33	7 87	25 46	323 34	174 25	58 08	13 72	44 36	[illegible]
101 50	33 83	7 99	25 84	328 16	175 50	58 50	13 82	44 68	[illegible]
102 00	34 00	8 03	25 97	329 81	180 00	60 00	14 17	45 83	[illegible]
102 25	34 08	8 05	26 03	330 58	180 25	60 08	14 19	45 89	[illegible]
102 50	34 17	8 07	26 10	331 47	183 75	61 25	14 47	46 78	[illegible]
103 00	34 33	8 11	26 22	332 99	185 25	61 75	14 59	47 16	[illegible]
103 50	34 50	8 15	26 35	334 64	186 00	62 00	14 65	47 35	[illegible]
104 00	34 67	8 19	26 48	336 29	193 00	64 33	15 20	49 13	[illegible]
104 25	34 75	8 21	26 54	337 05	195 00	65 00	15 36	49 64	[illegible]
104 75	34 92	8 25	26 67	338 70	197 75	65 92	15 57	50 35	[illegible]
105 00	35 00	8 27	26 73	339 47	204 00	68 00	16 06	51 94	[illegible]
105 75	35 25	8 33	26 92	341 88	206 00	68 67	16 22	52 45	[illegible]
106 75	35 58	8 41	27 17	345 05	209 25	69 75	16 48	53 27	[illegible]
107 25	35 75	8 44	27 31	346 83	211 75	70 58	16 67	53 91	[illegible]
108 00	36 00	8 50	27 50	349 25	216 00	72 00	17 01	54 99	[illegible]
108 25	36 08	8 52	27 56	350 01	219 00	73 00	17 21	55 76	[illegible]
108 50	36 17	8 54	27 63	350 90	221 00	73 67	17 40	56 27	[illegible]
113 00	37 67	8 90	28 77	365 37	225 00	75 00	17 72	57 28	[illegible]
114 75	38 25	9 01	29 21	370 96	226 00	75 33	17 80	57 53	[illegible]
115 75	38 58	9 11	29 47	374 28	231 75	77 25	18 25	59 00	[illegible]
116 00	38 67	9 13	29 54	375 15	232 50	77 50	18 31	59 19	[illegible]
116 25	38 75	9 15	29 60	375 92	240 00	80 00	18 90	61 10	[illegible]
117 00	39 00	9 21	29 79	378 33	244 50	81 50	19 25	62 25	[illegible]
120 00	40 00	9 45	30 55	387 98	251 25	84 75	20 02	64 73	[illegible]
125 00	41 67	9 84	31 83	404 24	257 50	85 83	20 28	65 55	[illegible]
126 00	42 00	9 92	32 08	407 41	268 50	89 50	21 14	68 46	[illegible]
126 75	42 25	9 98	32 27	409 82	282 50	94 17	22 24	71 93	[illegible]
127 50	42 50	10 04	32 46	412 24	360 00	120 00	28 35	91 65	1.16[...]

BARÊME DES PENSIONS

MONTANT TRIMESTRIEL DES PENSIONS en francs	en piastres abondé au taux de 3/00	en piastres au taux du jour de paiement	ABONDEMENT Différence entre le montant en piastres payé au taux du jour et celui de 3/00	MONTANT en francs de l'abondement	MONTANT TRIMESTRIEL DES PENSIONS en francs	en piastres abondé au taux de 3/00	en piastres au taux du jour de paiement	ABONDEMENT Différence entre le montant en piastres payé au taux du jour et celui de 3/00	MONTANT en francs de l'abondement	MONTANT TRIMESTRIEL DES PENSIONS en francs	en piastres abondé au taux de 3/00	en piastres au taux du jour de paiement	ABONDEMENT Différence entre le montant en piastres payé au taux du jour et celui de 3/00	MONTANT en francs de l'abondement	MONTANT TRIMESTRIEL DES PENSIONS en francs	en piastres abondé au taux de 3/00	en piastres au taux du jour de paiement	ABONDEMENT Différence entre le montant en piastres payé au taux du jour et celui de 3/00	MONTANT en francs de l'abondement
9,00	3,00	0,71	2,29	29,19	57,00	19,00	4,47	14,53	185,25	83,50	27,83	6,55	21,28	271,32	127,75	42,58	10,02	32,56	415,14
1,25	3,75	0,88	2,87	36,59	57,25	19,08	4,49	14,59	186,02	83,75	27,92	6,57	21,35	272,21	128,75	42,92	10,10	32,82	418,45
2,25	4,08	0,96	3,12	39,78	57,50	19,17	4,51	14,66	186,91	84,75	28,25	6,65	21,60	275,40	135,00	45,00	10,59	34,41	438,72
3,50	4,50	1,06	3,45	43,98	57,75	19,25	4,53	14,72	187,68	85,75	28,58	6,73	21,85	278,58	136,50	45,50	10,71	34,79	443,57
8,00	6,00	1,41	4,59	58,52	58,00	19,33	4,55	14,78	188,44	87,75	29,25	6,88	22,37	285,21	137,25	45,75	10,76	34,99	446,12
9,50	6,50	1,53	4,97	63,36	58,25	19,42	4,57	14,85	189,33	88,50	29,50	6,94	22,56	287,64	139,50	46,50	10,94	35,56	453,39
3,25	7,75	1,82	5,93	75,60	58,50	19,50	4,59	14,91	190,10	88,75	29,58	6,96	22,62	288,40	141,25	47,08	11,08	36,00	459,00
5,75	8,58	2,02	6,56	83,64	58,75	19,58	4,61	14,97	190,86	89,00	29,67	6,98	22,69	289,29	141,50	47,17	11,10	36,07	459,89
7,00	9,00	2,12	6,88	87,72	59,00	19,67	4,63	15,04	191,76	90,00	30,00	7,06	22,94	292,48	144,00	48,00	11,29	36,71	468,05
8,25	9,42	2,22	7,20	91,80	59,25	19,75	4,65	15,10	192,52	90,75	30,25	7,12	23,13	294,90	146,25	48,75	11,47	37,28	475,32
9,25	9,75	2,29	7,46	95,11	59,50	19,83	4,67	15,16	193,29	91,25	30,42	7,16	23,26	296,56	151,25	50,42	11,86	38,56	491,64
0,00	10,00	2,35	7,65	97,53	59,75	19,92	4,69	15,23	194,18	92,00	30,67	7,22	23,45	298,98	153,00	51,00	12,00	39,00	497,25
1,50	10,50	2,47	8,03	102,38	60,00	20,00	4,71	15,29	194,94	92,25	30,75	7,24	23,51	299,75	154,50	51,50	12,12	39,38	502,09
4,75	11,58	2,73	8,85	112,83	60,75	20,25	4,76	15,49	197,49	92,50	30,83	7,25	23,58	300,64	155,25	51,75	12,18	39,57	504,51
6,00	12,00	2,82	9,18	117,04	61,00	20,33	4,78	15,55	198,26	93,00	31,00	7,29	23,71	302,30	156,00	52,00	12,24	39,76	506,94
7,12	12,37	2,91	9,46	120,61	61,25	20,42	4,80	15,62	199,15	94,50	31,50	7,41	24,09	307,14	162,00	54,00	12,71	41,29	526,44
7,50	12,50	2,94	9,56	121,89	61,50	20,50	4,82	15,68	199,92	96,50	32,17	7,57	24,60	313,65	162,75	54,25	12,76	41,49	528,99
8,50	12,83	3,02	9,81	125,07	61,75	20,58	4,84	15,74	200,68	97,25	32,42	7,63	24,79	316,07	165,75	55,25	13,00	42,25	538,68
9,00	13,00	3,06	9,94	126,73	62,00	20,67	4,86	15,81	201,57	97,50	32,50	7,65	24,85	316,83	167,25	55,75	13,12	42,63	543,53
2,25	14,08	3,31	10,77	137,31	62,50	20,83	4,90	15,93	203,10	98,75	32,92	7,75	25,17	320,91	169,50	56,60	13,29	43,21	551,92
4,06	14,69	3,46	11,23	143,18	63,00	21,00	4,94	16,06	204,76	99,00	33,00	7,76	25,24	321,81	171,00	57,00	13,41	43,59	555,77
4,75	14,92	3,51	11,41	145,47	63,25	21,08	4,96	16,12	205,53	100,00	33,33	7,84	25,49	324,99	174,25	58,08	13,67	44,41	566,22
5,00	15,00	3,53	11,47	146,24	63,50	21,17	4,98	16,19	206,42	101,50	33,83	7,96	25,87	329,84	175,50	58,50	13,76	44,74	570,43
6,50	15,50	3,65	11,85	151,08	63,75	21,25	5,00	16,25	207,18	102,00	34,00	8,00	26,00	331,50	180,00	60,00	14,12	45,88	584,97
8,75	16,25	3,82	12,43	158,48	64,00	21,33	5,02	16,31	207,95	102,25	34,08	8,02	26,06	332,26	180,25	60,08	14,14	45,94	585,73
0,50	16,83	3,96	12,87	164,09	64,25	21,42	5,04	16,38	208,84	102,50	34,17	8,04	26,13	333,15	183,75	61,25	14,41	46,84	597,21
1,00	17,00	4,00	13,00	165,75	64,50	21,50	5,06	16,44	209,61	103,00	34,33	8,08	26,25	334,68	185,25	61,75	14,53	47,22	602,05
,50	17,17	4,04	13,13	167,40	64,75	21,58	5,08	16,50	210,37	103,50	34,50	8,12	26,38	336,34	186,00	62,00	14,59	47,41	604,47
1,75	17,25	4,06	13,19	168,17	65,00	21,67	5,10	16,57	211,26	104,00	34,67	8,16	26,51	338,00	193,00	64,33	15,14	49,19	627,17
2,00	17,33	4,08	13,25	168,93	66,00	22,00	5,18	16,82	214,45	104,25	34,75	8,18	26,57	338,76	195,00	65,00	15,29	49,71	633,80
2,25	17,42	4,10	13,32	169,83	66,50	22,17	5,22	16,93	216,11	104,75	34,92	8,22	26,70	340,42	197,75	65,92	15,51	50,41	642,72
2,50	17,50	4,12	13,38	170,59	68,25	22,75	5,35	17,40	221,85	105,00	35,00	8,24	26,76	341,19	204,00	68,00	16,00	52,00	663,00
2,75	17,58	4,14	13,44	171,36	68,50	22,83	5,37	17,46	222,61	105,75	35,25	8,29	26,96	343,74	206,00	68,67	16,16	52,51	669,50
3,00	17,67	4,16	13,51	172,25	68,75	22,92	5,39	17,53	223,50	106,75	35,58	8,37	27,21	346,92	209,25	69,75	16,41	53,34	680,08
3,25	17,75	4,18	13,57	173,01	69,50	23,17	5,45	17,72	225,93	107,25	35,75	8,41	27,34	348,58	211,75	70,58	16,61	53,97	688,11
3,50	17,83	4,20	13,63	173,78	70,75	23,58	5,55	18,03	229,88	108,00	36,00	8,47	27,53	351,00	216,00	72,00	16,94	55,06	702,01
3,75	17,92	4,22	13,70	174,67	71,00	23,67	5,57	18,10	230,77	108,25	36,08	8,49	27,59	351,77	219,00	73,00	17,18	55,82	711,70
4,00	18,00	4,24	13,76	175,44	72,00	24,00	5,65	18,35	233,96	108,50	36,17	8,51	27,66	352,66	221,00	73,67	17,33	56,34	718,33
4,25	18,08	4,25	13,83	176,33	73,00	24,33	5,73	18,60	237,15	113,00	37,67	8,86	28,81	367,32	225,00	75,00	17,65	57,35	731,21
4,50	18,17	4,27	13,90	177,22	73,50	24,50	5,76	18,74	238,93	114,75	38,25	9,00	29,25	372,93	226,00	75,33	17,73	57,60	734,40
4,75	18,25	4,29	13,96	177,99	76,25	25,42	5,98	19,44	247,86	115,75	38,58	9,08	29,50	376,12	231,75	77,25	18,18	59,07	753,14
5,00	18,33	4,31	14,02	178,75	76,75	25,58	6,02	19,56	519,39	116,00	38,67	9,10	29,57	377,01	232,50	77,50	18,24	59,26	755,56
5,25	18,42	4,33	14,09	179,64	77,25	25,75	6,06	19,69	251,04	116,25	38,75	9,12	29,63	377,78	240,00	80,00	18,82	61,18	780,04
5,30	18,50	4,35	14,15	180,41	78,00	26,00	6,12	19,88	253,47	117,00	39,00	9,18	29,82	380,20	244,50	81,50	19,18	62,32	794,58
5,75	18,58	4,37	14,21	181,17	80,75	26,92	6,33	20,39	262,52	120,00	40,00	9,41	30,59	390,02	254,25	84,75	19,94	64,81	820,32
6,00	18,67	4,39	14,28	182,07	81,00	27,00	6,35	20,65	263,28	125,00	41,67	9,80	31,87	406,34	257,50	85,83	20,20	65,63	836,78
6,25	18,75	4,41	14,34	182,83	81,25	27,08	6,37	20,71	264,05	126,00	42,00	9,88	32,12	409,53	268,50	89,50	21,06	68,44	872,61
6,50	18,83	4,43	14,40	183,60	82,25	27,42	6,45	20,97	267,36	126,75	42,25	9,94	32,31	411,95	282,50	94,17	22,16	72,01	918,12
6,75	18,92	4,46	14,47	184,49	83,25	27,75	6,53	21,22	270,55	127,50	42,50	10,00	32,50	414,37	360,00	120,00	28,24	91,76	1 169,94

BARÊME DES PENSIONS — Taux 12f80

MONTANT TRIMESTRIEL DES PENSIONS — en francs	en piastres abondé au taux de 3f00	en piastres au taux du jour de paiement	ABONDEMENT — Différence entre le montant en piastres payé au taux du jour et celui de 3f00	MONTANT en francs de l'abondement
9 00	3 00	0 70	2 30	29 44
11 25	3 75	0 88	2 87	36 73
12 25	4 08	0 96	3 12	39 93
13 50	4 50	1 05	3 45	44 16
18 00	6 00	1 41	4 59	58 75
19 50	6 50	1 52	4 98	63 74
23 25	7 75	1 82	5 93	75 90
25 75	8 58	2 01	6 57	84 09
27 00	9 00	2 11	6 89	88 10
28 25	9 42	2 21	7 21	92 28
29 25	9 75	2 29	7 46	95 48
30 00	10 00	2 34	7 66	98 04
31 50	10 50	2 46	8 04	102 91
34 75	11 58	2 71	8 87	113 53
36 00	12 00	2 81	9 19	117 63
37 12	12 37	2 90	9 47	121 21
37 50	12 50	2 93	9 57	122 49
38 50	12 83	3 01	9 82	125 69
39 00	13 00	3 05	9 95	127 36
42 25	14 08	3 30	10 78	137 98
44 06	14 69	3 44	11 25	144 00
44 75	14 92	3 50	11 44	146 17
45 00	15 00	3 52	11 48	146 94
46 50	15 50	3 63	11 87	151 93
48 75	16 25	3 81	12 44	159 23
50 50	16 83	3 95	12 88	164 86
51 00	17 00	3 98	13 02	166 65
51 50	17 17	4 02	13 15	168 32
51 75	17 25	4 04	13 21	169 08
52 00	17 33	4 06	13 27	169 85
52 25	17 42	4 08	13 34	170 75
52 50	17 50	4 10	13 40	171 52
52 75	17 58	4 12	13 46	172 28
53 00	17 67	4 14	13 53	173 18
53 25	17 75	4 16	13 59	173 95
53 50	17 83	4 18	13 65	174 72
53 75	17 92	4 20	13 72	175 61
54 00	18 00	4 22	13 78	176 38
54 25	18 08	4 24	13 84	177 15
54 50	18 17	4 26	13 91	178 04
54 75	18 23	4 28	13 97	178 81
55 00	18 33	4 30	14 03	179 58
55 25	18 42	4 32	14 10	180 48
55 50	18 50	4 34	14 16	181 24
55 75	18 58	4 36	14 22	182 01
56 00	18 67	4 38	14 29	182 91
56 25	18 75	4 39	14 36	183 80
56 50	18 83	4 41	14 42	184 57
56 75	18 92	4 43	14 49	185 47

MONTANT TRIMESTRIEL DES PENSIONS — en francs	en piastres abondé au taux de 3f00	en piastres au taux du jour de paiement	ABONDEMENT — Différence entre le montant en piastres payé au taux du jour et celui de 3f00	MONTANT en francs de l'abondement
57 00	19 00	4 45	14 55	186 24
57 25	19 08	4 47	14 61	187 00
57 50	19 17	4 49	14 68	187 90
57 75	19 25	4 51	14 74	188 67
58 00	19 33	4 53	14 80	189 44
58 25	19 42	4 55	14 87	190 33
58 50	19 50	4 57	14 93	191 10
58 75	19 58	4 59	14 99	191 87
59 00	19 67	4 61	15 06	192 76
59 25	19 75	4 63	15 12	193 53
59 50	19 83	4 65	15 18	194 30
59 75	19 92	4 67	15 25	195 20
60 00	20 00	4 69	15 31	195 96
60 75	20 25	4 75	15 50	198 40
61 00	20 33	4 77	15 56	199 16
61 25	20 42	4 79	15 63	200 06
61 50	20 50	4 80	15 70	200 96
61 75	20 58	4 82	15 76	201 72
62 00	20 67	4 84	15 83	202 62
62 50	20 83	4 88	15 95	204 16
63 00	21 00	4 92	16 08	205 82
63 25	21 08	4 94	16 14	206 59
63 50	21 17	4 96	16 21	207 48
63 75	21 25	4 98	16 27	208 25
64 00	21 33	5 00	16 33	209 02
64 25	21 42	5 02	16 40	209 92
64 50	21 50	5 04	16 46	210 68
64 75	21 58	5 06	16 52	211 45
65 00	21 67	5 08	16 59	212 35
66 00	22 00	5 16	16 84	215 55
66 50	22 17	5 20	16 97	217 21
68 25	22 75	5 33	17 42	222 97
68 50	22 83	5 35	17 48	223 74
68 75	22 92	5 37	17 55	224 64
69 50	23 17	5 43	17 74	227 07
70 75	23 58	5 53	18 05	231 04
71 00	23 67	5 55	18 12	231 93
72 00	24 00	5 63	18 37	235 13
73 00	24 33	5 70	18 63	238 46
73 50	24 50	5 74	18 76	240 12
76 25	25 42	5 90	19 46	249 08
76 75	25 58	6 00	19 58	250 02
77 25	25 75	6 04	19 71	252 28
78 00	26 00	6 09	19 91	254 84
80 75	26 92	6 31	20 61	263 80
81 00	27 00	6 33	20 67	264 57
81 25	27 08	6 35	20 73	265 34
82 25	27 42	6 43	20 99	268 67
83 25	27 75	6 50	21 25	272 00

BARÊME DES PENSIONS — Taux 12f

MONTANT TRIMESTRIEL DES PENSIONS — en francs	en piastres abondé au taux de 3f00	en piastres au taux du jour de paiement	ABONDEMENT — Différence entre le montant en piastres payé au taux du jour et celui de 3f00	MONTANT en francs de l'abondement
83 50	27 83	6 52	21 31	272 76
83 75	27 92	6 54	21 38	273 65
84 75	28 25	6 64	21 63	276 86
85 75	28 58	6 70	21 88	280 06
87 75	29 25	6 86	22 39	286 59
88 50	29 50	6 91	22 59	289 15
88 75	29 58	6 93	22 65	289 92
89 00	29 67	6 95	22 72	290 81
90 00	30 00	7 03	22 97	294 01
90 75	30 25	7 09	23 16	296 44
91 25	30 42	7 13	23 29	298 11
92 00	30 67	7 19	23 48	300 54
92 25	30 75	7 21	23 54	301 31
92 50	30 83	7 23	23 60	302 08
93 00	31 00	7 27	23 73	303 74
94 50	31 50	7 38	24 12	308 73
96 50	32 17	7 54	24 63	315 26
97 25	32 42	7 60	24 82	317 69
97 50	32 50	7 62	24 88	318 46
98 75	32 92	7 71	25 21	322 68
99 00	33 00	7 73	25 27	323 45
100 00	33 33	7 81	25 52	326 65
101 50	33 83	7 93	25 90	331 62
102 00	34 00	7 97	26 03	333 18
102 25	34 08	7 99	26 09	333 95
102 50	34 17	8 01	26 16	334 84
103 00	34 33	8 05	26 28	336 38
103 50	34 50	8 09	26 41	338 04
104 00	34 67	8 13	26 54	339 71
104 25	34 75	8 14	26 61	340 60
104 75	34 92	8 18	26 74	342 27
105 00	35 00	8 20	26 80	343 04
105 75	35 25	8 26	26 99	345 47
106 75	35 58	8 34	27 24	348 67
107 25	35 75	8 38	27 37	350 33
108 00	36 00	8 44	27 56	352 76
108 25	36 08	8 46	27 62	353 53
108 50	36 17	8 48	27 69	354 43
113 00	37 66	8 83	28 84	369 15
114 75	38 25	8 96	29 29	374 91
115 75	38 58	9 04	29 54	378 11
116 00	38 67	9 06	29 61	379 00
116 25	38 75	9 08	29 67	379 77
117 00	39 00	9 14	29 86	382 20
120 00	40 00	9 38	30 62	391 93
125 00	41 67	9 77	31 90	408 32
126 00	42 00	9 84	32 16	411 61
126 75	42 25	9 90	32 35	414 08
127 50	42 50	9 96	32 54	415 51

MONTANT TRIMESTRIEL DES PENSIONS — en francs	en piastres abondé au taux de 3f00	en piastres au taux du jour de paiement	ABONDEMENT — Différence entre le montant en piastres payé au taux du jour et celui de 3f00	MONTANT en francs de l'abondement
127 75	42 58	9 98	32 60	[illegible]
128 75	42 92	10 06	32 86	[illegible]
135 00	45 00	10 55	34 43	[illegible]
136 50	45 50	10 66	34 84	[illegible]
137 25	45 75	10 72	35 03	[illegible]
139 50	46 50	10 90	35 60	[illegible]
141 25	47 08	11 04	36 04	[illegible]
141 50	47 17	11 05	36 12	[illegible]
144 00	48 00	11 25	36 75	[illegible]
146 25	48 75	11 43	37 32	[illegible]
151 25	50 42	11 82	38 60	[illegible]
153 00	51 00	11 95	39 05	[illegible]
154 50	51 50	12 07	39 43	[illegible]
155 25	51 75	12 13	39 62	[illegible]
156 00	52 00	12 19	39 81	[illegible]
162 00	54 00	12 66	41 31	[illegible]
162 75	54 25	12 71	41 51	[illegible]
165 75	55 25	12 95	42 30	[illegible]
167 25	55 75	13 07	42 68	[illegible]
169 50	56 50	13 24	43 26	[illegible]
171 00	57 00	13 36	43 64	[illegible]
174 25	58 08	13 61	44 47	[illegible]
175 50	58 50	13 71	44 79	[illegible]
180 00	60 00	14 06	46 04	[illegible]
180 25	60 08	14 08	46 10	[illegible]
183 75	61 25	14 36	46 89	[illegible]
185 25	61 75	14 47	47 28	[illegible]
186 00	62 00	14 53	47 47	[illegible]
193 00	64 33	15 08	49 25	[illegible]
195 00	65 00	15 23	49 77	[illegible]
197 75	65 92	15 45	50 47	[illegible]
204 00	68 00	15 94	52 06	[illegible]
206 00	68 67	16 09	52 58	[illegible]
209 25	69 75	16 35	53 40	[illegible]
211 75	70 58	16 54	54 04	[illegible]
216 00	72 00	16 88	55 12	[illegible]
219 00	73 00	17 11	55 89	[illegible]
221 00	73 67	17 27	56 40	[illegible]
225 00	75 00	17 58	57 42	[illegible]
226 00	75 33	17 66	57 67	[illegible]
231 75	77 25	18 11	59 14	[illegible]
232 50	77 50	18 16	59 34	[illegible]
240 00	80 00	18 75	61 25	[illegible]
244 50	81 50	19 10	62 40	[illegible]
251 25	84 75	19 86	64 89	[illegible]
257 50	85 83	20 12	65 71	[illegible]
268 50	89 50	20 98	68 52	[illegible]
282 50	94 17	22 07	72 10	[illegible]
360 00	120 00	28 13	91 87	[illegible]

BARÊME DES PENSIONS

Montant trimestriel des pensions — en francs	en piastres abondé au taux de 3/00	en piastres au taux du jour de paiement	ABONDEMENT — Différence entre le montant en piastres payé au taux du jour et celui de 3/00	Montant en francs de l'abondement
9,00	3,00	0,70	2,30	29,55
11,25	3,75	0,88	2,87	36,87
12,25	4,08	0,95	3,13	40,22
13,50	4,50	1,05	3,45	44,33
18,00	6,00	1,40	4,60	59,11
19,50	6,50	1,52	4,98	63,99
23,25	7,75	1,81	5,94	76,32
25,75	8,58	2,00	6,58	84,55
27,00	9,00	2,10	6,90	88,66
28,25	9,42	2,20	7,22	92,77
29,25	9,75	2,28	7,47	95,88
30,00	10,00	2,33	7,67	98,55
31,50	10,50	2,45	8,05	103,44
34,75	11,58	2,70	8,88	111,10
36,00	12,00	2,80	9,20	118,22
37,12	12,37	2,89	9,48	121,81
37,50	12,50	2,92	9,58	123,10
38,50	12,83	3,00	9,83	126,31
39,00	13,00	3,04	9,98	127,98
42,25	14,08	3,29	10,79	138,65
44,06	14,69	3,43	11,26	144,69
44,75	14,92	3,48	11,44	147,00
45,00	15,00	3,50	11,50	147,77
46,50	15,50	3,62	11,88	152,65
48,75	16,25	3,79	12,46	160,11
50,50	16,83	3,93	12,90	165,76
51,00	17,00	3,97	13,03	167,43
51,50	17,17	4,01	13,16	169,10
51,75	17,25	4,03	13,22	169,87
52,00	17,33	4,05	13,28	170,64
52,25	17,42	4,07	13,35	171,51
52,50	17,50	4,09	13,41	171,31
52,75	17,58	4,11	13,47	173,08
53,00	17,67	4,12	13,55	174,11
53,25	17,75	4,14	13,61	174,88
53,50	17,83	4,16	13,67	175,65
53,75	17,92	4,18	13,74	176,55
54,00	18,00	4,20	13,80	177,33
54,25	18,08	4,22	13,86	178,10
54,75	18,25	4,26	13,99	179,77
55,00	18,33	4,28	14,05	180,54
55,50	18,42	4,30	14,12	181,44
55,50	18,50	4,32	14,18	182,21
55,75	18,58	4,34	14,24	182,98
56,00	18,67	4,36	14,31	183,88
56,25	18,75	4,38	14,37	184,65
56,50	18,83	4,40	14,43	185,42
56,75	18,92	4,42	14,50	186,32
57,00	19,00	4,44	14,56	187,00
57,25	19,08	4,46	14,62	187,86
57,50	19,17	4,47	14,70	188,89
57,75	19,25	4,49	14,76	189,66
58,00	19,33	4,51	14,82	190,43
58,25	19,42	4,53	14,89	191,33
58,50	19,50	4,55	14,95	192,10
58,75	19,58	4,57	15,01	192,87
59,00	19,67	4,59	15,08	193,77
59,25	19,75	4,61	15,14	194,54
59,50	19,83	4,63	15,20	195,32
59,75	19,92	4,65	15,27	196,21
60,00	20,00	4,67	15,33	196,99
60,75	20,25	4,73	15,52	199,43
61,00	20,33	4,75	15,58	200,20
61,25	20,42	4,77	15,65	201,10
61,50	20,50	4,79	15,71	201,87
61,75	20,58	4,81	15,77	202,64
62,00	20,67	4,82	15,85	203,67
62,50	20,83	4,86	15,97	205,21
63,00	21,00	4,90	16,10	206,88
63,25	21,08	4,92	16,16	207,65
63,50	21,17	4,94	16,23	208,55
63,75	21,25	4,96	16,29	209,32
64,00	21,33	4,98	16,35	210,09
64,25	21,42	5,00	16,42	210,99
64,50	21,50	5,02	16,48	211,76
64,75	21,58	5,04	16,54	212,53
65,00	21,67	5,06	16,61	213,43
66,00	22,00	5,14	16,86	216,65
66,50	22,17	5,18	16,90	218,32
68,25	22,75	5,31	17,44	224,10
68,50	22,83	5,33	17,50	224,87
68,75	22,92	5,35	17,57	225,77
69,50	23,17	5,41	17,76	228,21
70,75	23,58	5,51	18,07	234,19
71,00	23,67	5,53	18,14	233,09
72,00	24,00	5,60	18,40	236,44
73,00	24,33	5,68	18,65	239,65
73,50	24,50	5,72	18,78	241,32
76,25	25,42	5,93	19,49	250,44
76,75	25,58	5,97	19,61	251,98
77,25	25,75	6,01	19,74	253,65
78,00	26,00	6,07	19,93	256,10
80,75	26,92	6,28	20,64	265,22
81,00	27,00	6,30	20,70	265,99
81,25	27,08	6,32	20,76	266,76
82,25	27,42	6,40	21,02	270,10
83,25	27,75	6,48	21,27	273,31
83,50	27,83	6,50	21,33	274,00
83,75	27,92	6,52	21,40	274,99
84,75	28,25	6,60	21,65	278,20
85,75	28,58	6,67	21,91	281,54
87,75	29,25	6,83	22,42	288,09
88,50	29,50	6,89	22,61	290,53
88,75	29,58	6,91	22,67	291,30
89,00	29,67	6,93	22,74	292,20
90,00	30,00	7,00	23,00	295,53
90,75	30,25	7,06	23,19	297,99
91,25	30,42	7,10	23,32	299,66
92,00	30,67	7,16	23,51	302,10
92,25	30,75	7,18	23,57	302,87
92,50	30,83	7,20	23,63	303,64
93,00	31,00	7,24	23,76	305,31
94,50	31,50	7,35	24,15	310,32
96,50	32,17	7,51	24,66	316,88
97,25	32,42	7,57	24,85	319,32
97,50	32,50	7,59	24,91	320,09
98,75	32,92	7,68	25,24	324,33
99,00	33,00	7,70	25,30	325,10
100,00	33,33	7,78	25,55	328,31
101,50	33,83	7,90	25,93	333,20
102,00	34,00	7,94	26,00	334,87
102,25	34,08	7,96	26,12	335,64
102,50	34,17	7,98	26,19	336,54
103,00	34,33	8,02	26,31	338,08
103,50	34,50	8,05	26,45	339,86
104,00	34,67	8,09	26,58	341,55
104,25	34,75	8,11	26,64	342,32
104,75	34,92	8,15	26,77	343,99
105,00	35,00	8,17	26,83	344,76
105,75	35,25	8,23	27,02	347,20
106,75	35,58	8,31	27,27	350,41
107,25	35,75	8,35	27,40	352,09
108,00	36,00	8,40	27,60	354,66
108,25	36,08	8,42	27,66	355,43
108,50	36,17	8,44	27,73	356,33
113,00	37,66	8,79	28,88	371,10
114,75	38,25	8,93	29,32	376,76
115,75	38,58	9,01	29,57	379,97
116,00	38,67	9,03	29,64	380,87
116,25	38,75	9,05	29,70	381,64
117,00	39,00	9,11	29,89	384,08
120,00	40,00	9,34	30,66	393,98
125,00	41,67	9,73	31,94	410,42
126,75	42,25	9,86	32,39	416,21
127,50	42,50	9,92	32,58	418,65
127,75	42,58	9,94	32,61	419,42
128,75	42,92	10,02	32,90	422,76
133,00	45,00	10,51	34,49	443,19
136,50	45,50	10,62	34,88	448,20
137,25	45,75	10,68	35,07	450,64
139,50	46,50	10,86	35,64	457,97
141,25	47,08	10,99	36,00	463,75
141,50	47,17	11,01	36,16	464,65
144,00	48,00	11,21	36,79	472,75
146,25	48,75	11,38	37,37	480,20
151,25	50,42	11,77	38,65	496,65
153,00	51,00	11,91	39,09	502,30
154,50	51,50	12,02	39,48	507,31
155,25	51,75	12,08	39,67	509,75
156,00	52,00	12,14	39,86	512,20
162,00	54,00	12,61	41,39	531,86
162,75	54,25	12,67	41,58	534,30
165,75	55,25	12,90	42,35	544,19
167,25	55,75	13,02	42,73	549,08
169,50	56,50	13,19	43,31	556,53
171,00	57,00	13,31	43,69	561,41
174,25	58,08	13,56	44,52	572,08
175,50	58,50	13,68	44,81	576,19
180,00	60,00	14,01	45,99	590,97
180,25	60,08	14,03	46,05	591,74
183,75	61,25	14,30	46,95	603,30
185,25	61,75	14,42	47,33	608,19
186,00	62,00	14,47	47,53	610,78
193,00	64,33	15,02	49,31	633,63
195,00	65,00	15,18	49,82	640,18
197,75	65,92	15,39	50,53	649,31
204,00	68,00	15,88	52,12	669,74
206,00	68,67	16,03	52,64	676,42
209,25	69,75	16,28	53,47	687,08
211,75	70,58	16,48	54,10	695,18
216,00	72,00	16,81	55,19	700,19
219,00	73,00	17,04	55,96	719,08
221,00	73,67	17,20	56,47	725,63
225,00	75,00	17,51	57,49	738,74
226,00	75,33	17,59	57,74	741,93
231,75	77,25	18,04	59,21	760,84
232,50	77,50	18,09	59,41	763,41
240,00	80,00	18,68	61,32	787,96
244,50	81,50	19,03	62,47	802,73
254,25	84,75	19,79	64,96	834,73
257,50	85,83	20,04	65,79	845,40
268,50	89,50	20,89	68,61	881,63
282,50	94,17	21,98	72,19	927,84
360,00	120,00	28,02	91,98	1 181,44

I

| MONTANT TRIMESTRIEL DES PENSIONS | | | ABONDEMENT | MONTANT |
en francs	en piastres abondé au taux de 3f00	en piastres au taux du jour de paiement	Différence entre le montant en piastres payé au taux du jour et celui de 3f00	en francs de l'abondement
9 00	3 00	0 70	2 30	29 67
11 25	3 75	0 87	2 88	37 15
12 25	4 08	0 93	3 13	40 37
13 50	4 50	1 05	3 45	44 50
18 00	6 00	1 40	4 60	59 34
19 50	6 50	1 51	4 99	61 37
23 25	7 75	1 80	5 95	76 75
25 75	8 58	2 00	6 58	84 88
27 00	9 00	2 09	6 91	89 13
28 25	9 42	2 19	7 23	93 26
29 25	9 75	2 27	7 48	96 49
30 00	10 00	2 33	7 67	98 94
31 50	10 50	2 44	8 06	103 97
34 75	11 58	2 69	8 89	114 68
36 00	12 00	2 79	9 21	118 80
37 12	12 37	2 88	9 49	122 42
37 50	12 50	2 91	9 59	123 71
38 50	12 83	2 98	9 85	127 06
39 00	13 00	3 02	9 98	128 74
42 25	14 08	3 28	10 80	139 32
44 06	14 69	3 42	11 27	145 38
44 75	14 92	3 47	11 45	147 70
45 00	15 00	3 49	11 51	148 47
46 50	15 50	3 60	11 90	153 51
48 75	16 25	3 78	12 47	160 86
50 50	16 83	3 91	12 92	166 66
51 00	17 00	3 95	13 05	168 34
51 50	17 17	3 99	13 18	170 04
51 75	17 25	4 01	13 24	170 79
52 00	17 33	4 03	13 30	171 57
52 25	17 42	4 05	13 37	172 47
52 50	17 50	4 07	13 43	173 24
52 75	17 58	4 09	13 49	174 02
53 00	17 67	4 11	13 56	174 92
53 25	17 75	4 13	13 62	175 69
53 50	17 83	4 15	13 68	176 47
53 75	17 92	4 17	13 75	177 37
54 00	18 00	4 19	13 81	178 14
54 25	18 08	4 21	13 87	178 92
54 50	18 17	4 22	13 95	179 95
54 75	18 25	4 24	14 01	180 72
55 00	18 33	4 26	14 07	181 50
55 25	18 42	4 28	14 14	182 40
55 50	18 50	4 30	14 20	183 18
55 75	18 58	4 32	14 26	183 95
56 00	18 67	4 34	14 33	184 85
56 25	18 75	4 36	14 39	185 63
56 50	18 83	4 38	14 45	186 40
56 75	18 92	4 40	14 52	187 30

II

| MONTANT TRIMESTRIEL DES PENSIONS | | | ABONDEMENT | MONTANT |
en francs	en piastres abondé au taux de 3f00	en piastres au taux du jour de paiement	Différence entre le montant en piastres payé au taux du jour et celui de 3f00	en francs de l'abondement
57 00	19 00	4 42	14 58	188 08
57 25	19 08	4 44	14 64	188 85
57 50	19 17	4 46	14 71	189 75
57 75	19 25	4 48	14 77	190 53
58 00	19 33	4 50	14 83	191 30
58 25	19 42	4 52	14 90	192 41
58 50	19 50	4 53	14 97	193 11
58 75	19 58	4 55	15 03	193 88
59 00	19 67	4 57	15 10	194 79
59 25	19 75	4 59	15 16	195 56
59 50	19 83	4 61	15 22	196 33
59 75	19 92	4 63	15 29	197 24
60 00	20 00	4 65	15 35	198 01
60 75	20 25	4 71	15 54	200 46
61 00	20 33	4 73	15 60	201 24
61 25	20 42	4 75	15 67	202 14
61 50	20 50	4 77	15 73	202 91
61 75	20 58	4 79	15 79	203 69
62 00	20 67	4 81	15 86	204 59
62 50	20 83	4 84	15 99	206 27
63 00	21 00	4 88	16 12	207 94
63 25	21 08	4 90	16 18	208 72
63 50	21 17	4 92	16 25	209 62
63 75	21 25	4 94	16 31	210 39
64 00	21 33	4 96	16 37	211 17
64 25	21 43	4 98	16 44	212 07
64 50	21 50	5 00	16 50	212 85
64 75	21 58	5 02	16 56	213 62
65 00	21 67	5 04	16 63	214 52
66 00	22 00	5 12	16 88	217 75
66 50	22 17	5 16	17 01	219 42
68 25	22 75	5 29	17 46	225 23
68 50	22 83	5 31	17 52	226 00
68 75	22 92	5 33	17 59	226 91
69 50	23 17	5 39	17 78	229 36
70 75	23 58	5 48	18 10	233 49
71 00	23 67	5 50	18 17	234 39
72 00	24 00	5 58	18 42	237 61
73 00	24 33	5 66	18 67	240 84
73 50	24 50	5 70	18 80	242 52
76 25	25 42	5 91	19 51	251 67
76 75	25 58	5 95	19 63	253 22
77 25	25 75	5 99	19 76	254 90
78 00	26 00	6 05	19 95	257 35
80 75	26 92	6 26	20 66	266 51
81 00	27 00	6 28	20 72	267 28
81 25	27 08	6 30	20 78	268 06
82 25	27 42	6 38	21 04	271 41
83 25	27 75	6 45	21 30	274 77

III

| MONTANT TRIMESTRIEL DES PENSIONS | | | ABONDEMENT | MONTANT |
en francs	en piastres abondé au taux de 3f00	en piastres au taux du jour de paiement	Différence entre le montant en piastres payé au taux du jour et celui de 3f00	en francs de l'abondement
83 50	27 83	6 47	21 36	275 54
83 75	27 92	6 49	21 43	276 44
84 75	28 25	6 57	21 68	279 67
85 75	28 58	6 65	21 93	282 89
87 75	29 25	6 80	22 45	289 60
88 50	29 50	6 86	22 64	292 05
88 75	29 58	6 88	22 70	292 83
89 00	29 67	6 90	22 77	293 73
90 00	30 00	6 98	23 02	296 95
90 75	30 25	7 03	23 22	299 53
91 25	30 42	7 07	23 35	301 21
92 00	30 67	7 13	23 54	303 66
92 25	30 75	7 15	23 60	304 44
92 50	30 83	7 17	23 66	305 21
93 00	31 00	7 21	23 79	306 89
94 50	31 50	7 33	24 17	311 79
96 50	32 17	7 48	24 69	318 50
97 25	32 42	7 51	24 88	320 95
97 50	32 50	7 56	24 94	321 72
98 75	32 92	7 66	25 26	325 85
99 00	33 00	7 67	25 33	326 75
100 00	33 33	7 75	25 58	329 98
101 50	33 83	7 87	25 96	334 88
102 00	34 00	7 91	26 09	336 56
102 25	34 08	7 93	26 15	337 33
102 50	34 17	7 95	26 22	338 23
103 00	34 33	7 98	26 35	339 91
103 50	34 50	8 02	26 48	341 59
104 00	34 67	8 06	26 61	343 26
104 25	34 75	8 08	26 67	344 04
104 75	34 92	8 12	26 80	345 72
105 00	35 00	8 14	26 86	346 49
105 75	35 25	8 20	27 05	348 94
106 75	35 58	8 28	27 30	352 17
107 25	35 75	8 31	27 44	353 97
108 00	36 00	8 37	27 63	356 42
108 25	36 08	8 39	27 69	357 20
108 50	36 17	8 41	27 76	358 10
113 00	37 67	8 76	28 91	372 93
114 75	38 25	8 90	29 35	378 61
115 75	38 58	8 97	29 61	381 96
116 00	38 67	8 99	29 68	382 87
116 25	38 75	9 01	29 74	383 61
117 00	39 00	9 07	29 93	388 09
120 00	40 00	9 30	30 70	396 03
125 00	41 67	9 69	31 98	412 51
126 00	42 00	9 77	32 23	415 76
126 75	42 25	9 83	32 42	418 21
127 50	42 50	9 88	32 62	420 79

IV

| MONTANT TRIMESTRIEL DES PENSIONS | | | ABONDEMENT | MONTANT |
en francs	en piastres abondé au taux de 3f00	en piastres au taux du jour de paiement	Différence entre le montant en piastres payé au taux du jour et celui de 3f00	en francs de l'abondement
127 75	42 58	9 90	32 68	421
128 75	42 92	9 98	32 94	424
135 00	45 00	10 47	34 53	445
136 50	45 50	10 58	34 92	450
137 25	45 75	10 64	35 11	452
139 50	46 50	10 81	35 69	460
141 25	47 08	10 95	36 13	466
141 50	47 17	10 97	36 20	466
144 00	48 00	11 16	36 84	473
146 25	48 75	11 34	37 41	482
151 25	50 42	11 72	38 70	499
153 00	51 00	11 86	39 14	504
154 50	51 50	11 98	39 52	509
155 25	51 75	12 03	39 72	512
156 00	52 00	12 09	39 91	514
162 00	54 00	12 56	41 44	534
162 75	54 25	12 62	41 63	537
165 75	55 25	12 85	42 40	546
167 25	55 75	12 97	42 78	551
169 50	56 50	13 14	43 36	559
171 00	57 00	13 26	43 74	564
174 25	58 08	13 51	44 57	574
175 50	58 50	13 60	44 90	579
180 00	60 00	13 95	46 05	594
180 25	60 08	13 97	46 11	594
183 75	61 25	14 24	47 01	606
185 25	61 75	14 36	47 39	611
186 00	62 00	14 42	47 58	613
193 00	64 33	14 96	49 37	636
195 00	65 00	15 12	49 88	643
197 75	65 92	15 33	50 59	652
204 00	68 00	15 81	52 19	673
206 00	68 67	15 97	52 70	679
209 25	69 75	16 22	53 53	690
211 75	70 58	16 41	54 17	698
216 00	72 00	16 74	55 26	712
219 00	73 00	16 98	56 02	722
221 00	73 67	17 13	56 54	729
225 00	75 00	17 44	57 56	742
226 00	75 33	17 52	57 81	745
231 75	77 25	17 97	59 28	764
232 50	77 50	18 02	59 48	767
240 00	80 00	18 60	61 40	792
244 50	81 50	18 95	62 55	806
254 25	81 75	19 71	65 04	839
257 50	85 83	19 96	65 87	849
268 50	89 50	20 81	68 69	886
282 50	94 17	21 90	72 27	932
300 00	120 00	27 91	92 09	1 187

BARÊME DES PENSIONS

Taux 12195

Taux 12195

MONTANT TRIMESTRIEL DES PENSIONS — en francs	en piastres abondé au taux de 3600	en piastres au taux du jour de paiement	ABONDEMENT — Différence entre le montant en piastres payé au taux du jour et celui de 3600	MONTANT en francs de l'abondement
9,00	3,00	0,69	2,31	29,91
11,25	3,75	0,87	2,88	37,29
12,25	4,08	0,95	3,13	40,53
13,50	4,50	1,04	3,46	44,80
18,00	6,00	1,39	4,61	59,60
19,50	6,50	1,51	4,99	64,62
23,25	7,75	1,80	5,95	77,05
25,75	8,58	1,99	6,59	85,34
27,00	9,00	2,08	6,92	89,61
28,25	9,42	2,18	7,24	93,75
29,25	9,75	2,26	7,40	96,99
30,00	10,00	2,32	7,68	99,45
31,50	10,50	2,43	8,07	104,50
34,75	11,58	2,68	8,90	115,25
36,00	12,00	2,78	9,22	119,39
37,12	12,37	2,87	9,50	123,02
37,50	12,50	2,90	9,60	124,32
38,50	12,83	2,97	9,86	127,68
39,00	13,00	3,01	9,99	129,37
42,25	14,08	3,26	10,82	140,11
44,06	14,69	3,40	11,29	146,20
44,75	14,92	3,46	11,46	148,40
45,00	15,00	3,47	11,53	149,31
46,50	15,50	3,59	11,91	154,23
48,75	16,25	3,76	12,19	161,74
50,50	16,83	3,90	12,93	167,44
51,00	17,00	3,94	13,06	169,12
51,50	17,17	3,98	13,19	170,81
51,75	17,25	4,00	13,25	171,58
52,00	17,33	4,02	13,31	172,86
52,25	17,42	4,03	13,39	173,40
52,50	17,50	4,05	13,45	174,17
52,75	17,58	4,07	13,51	174,95
53,00	17,67	4,09	13,58	175,86
53,25	17,75	4,11	13,64	176,63
53,50	17,83	4,13	13,70	177,41
53,75	17,92	4,15	13,77	178,32
54,00	18,00	4,17	13,83	179,09
54,25	18,08	4,19	13,89	179,87
54,50	18,17	4,21	13,96	180,78
54,75	18,25	4,23	14,02	181,55
55,00	18,33	4,25	14,08	182,33
55,25	18,42	4,27	14,15	183,24
55,50	18,50	4,29	14,21	184,01
55,75	18,58	4,31	14,27	184,79
56,00	18,67	4,32	14,35	185,83
56,25	18,73	4,34	14,41	186,60
56,50	18,83	4,36	14,47	187,38
56,75	18,92	4,38	14,51	188,29
57,00	19,00	4,40	14,60	189,07
57,25	19,08	4,42	14,66	189,84
57,50	19,17	4,44	14,73	190,75
57,75	19,25	4,46	14,79	191,53
58,00	19,33	4,48	14,85	192,30
58,25	19,42	4,50	14,92	193,21
58,50	19,50	4,52	14,98	193,99
58,75	19,58	4,54	15,04	194,76
59,00	19,67	4,56	15,11	195,67
59,25	19,73	4,58	15,17	196,45
59,50	19,83	4,59	15,24	197,35
59,75	19,92	4,61	15,31	198,26
60,00	20,00	4,63	15,37	199,04
60,75	20,25	4,69	15,56	201,50
61,00	20,33	4,71	15,62	202,27
61,25	20,42	4,73	15,69	203,18
61,50	20,50	4,75	15,73	203,96
61,75	20,58	4,77	15,81	204,73
62,00	20,67	4,79	15,88	205,64
62,50	20,83	4,83	16,00	207,20
63,00	21,00	4,86	16,14	209,01
63,25	21,08	4,88	16,20	209,79
63,50	21,17	4,90	16,27	210,69
63,75	21,25	4,92	16,33	211,47
64,00	21,33	4,94	16,39	212,25
64,25	21,42	4,96	16,46	213,15
64,50	21,50	4,98	16,52	213,93
64,75	21,58	5,00	16,58	214,71
65,00	21,67	5,02	16,65	215,61
66,00	22,00	5,10	16,90	218,85
66,50	22,17	5,14	17,03	220,53
68,25	22,75	5,27	17,48	226,36
68,50	22,83	5,29	17,54	227,14
68,75	22,92	5,31	17,61	228,04
69,50	23,17	5,37	17,80	230,51
70,75	23,58	5,46	18,12	234,85
71,00	23,67	5,48	18,19	235,56
72,00	24,00	5,56	18,44	238,79
73,00	24,33	5,64	18,69	242,03
73,50	24,50	5,68	18,82	243,71
76,25	25,42	5,89	19,53	252,91
76,75	25,58	5,93	19,65	254,46
77,25	25,75	5,97	19,78	256,15
78,00	26,00	6,02	19,98	258,74
80,75	26,92	6,24	20,68	267,80
81,00	27,00	6,25	20,75	268,71
81,25	27,08	6,27	20,81	269,48
82,25	27,42	6,35	21,07	272,85
83,25	27,75	6,43	21,32	276,09
83,50	27,83	6,45	21,38	276,87
83,75	27,92	6,47	21,45	277,77
84,75	28,25	6,51	21,71	281,14
85,75	28,58	6,62	21,96	284,38
87,75	29,25	6,78	22,47	290,98
88,50	29,50	6,83	22,67	293,57
88,75	29,58	6,85	22,73	294,35
89,00	29,67	6,87	22,80	295,26
90,00	30,00	6,95	23,05	298,49
90,75	30,25	7,01	23,24	300,95
91,25	30,42	7,05	23,37	302,84
92,00	30,67	7,10	23,57	305,23
92,25	30,75	7,12	23,63	306,00
92,50	30,83	7,14	23,69	306,78
93,00	31,00	7,18	23,82	308,46
94,50	31,50	7,30	24,20	313,39
96,50	32,17	7,45	24,72	320,12
97,25	32,42	7,51	24,91	322,58
97,50	32,50	7,53	24,97	323,36
98,75	32,92	7,63	25,29	327,50
99,00	33,00	7,64	25,36	328,41
100,00	33,33	7,72	25,61	331,64
101,50	33,83	7,81	25,99	336,57
102,00	34,00	7,88	26,12	338,25
102,50	34,17	7,92	26,25	339,03
103,00	34,33	7,95	26,38	341,62
103,50	34,50	7,99	26,51	343,30
104,00	34,67	8,03	26,64	344,98
104,25	34,75	8,05	26,70	345,76
104,75	34,92	8,09	26,83	347,44
105,00	35,00	8,11	26,89	348,22
105,75	35,25	8,17	27,08	350,68
106,75	35,58	8,24	27,31	354,05
107,25	35,75	8,28	27,45	355,73
108,00	36,00	8,31	27,66	358,19
108,25	36,08	8,36	27,72	358,97
108,50	36,17	8,38	27,79	359,88
113,00	37,67	8,73	28,94	374,77
114,75	38,25	8,86	29,39	380,60
115,75	38,58	8,94	29,64	383,83
116,00	38,67	8,96	29,71	384,74
116,25	38,75	8,98	29,77	385,52
117,00	39,00	9,03	29,97	388,11
120,00	40,00	9,27	30,73	397,95
125,00	41,67	9,65	32,02	414,65
126,00	42,00	9,73	32,27	417,89
126,75	42,25	9,79	32,46	420,35
127,50	42,50	9,83	32,65	422,81
127,75	42,58	9,86	32,72	423,72
128,75	42,92	9,94	32,98	427,09
135,00	45,00	10,42	34,58	447,81
136,50	45,50	10,54	34,96	452,73
137,25	45,75	10,60	35,15	455,19
139,50	46,50	10,77	35,73	462,70
141,25	47,08	10,91	36,17	468,40
141,50	47,17	10,93	36,24	469,30
144,00	48,00	11,12	36,88	477,59
146,25	48,75	11,29	37,46	485,10
151,25	50,42	11,68	38,74	501,68
153,00	51,00	11,81	39,19	507,51
154,50	51,50	11,93	39,57	512,43
156,00	52,00	12,05	39,95	517,35
162,00	54,00	12,51	41,49	537,20
162,75	54,25	12,57	41,68	539,75
165,75	55,25	12,80	42,45	549,72
167,25	55,75	12,92	42,83	554,64
169,50	56,50	13,00	43,41	562,13
171,00	57,00	13,20	43,80	567,21
174,25	58,08	13,46	44,62	577,82
175,50	58,50	13,55	44,95	582,10
180,00	60,00	13,90	46,10	595,99
180,25	60,08	13,92	46,18	597,77
183,75	61,25	14,19	47,06	609,42
185,25	61,75	14,31	47,44	614,31
186,00	62,00	14,36	47,64	616,93
193,00	64,33	14,90	49,43	640,11
195,00	65,00	15,06	49,94	646,72
197,75	65,92	15,27	50,65	655,91
204,00	68,00	15,75	52,25	676,63
206,00	68,67	15,91	52,76	683,24
209,25	69,75	16,16	53,59	693,99
211,75	70,58	16,35	54,23	702,27
216,00	72,00	16,68	55,32	716,39
219,00	73,00	16,91	56,09	726,36
221,00	73,67	17,07	56,60	732,97
225,00	75,00	17,37	57,63	746,30
226,00	75,33	17,45	57,88	749,34
231,75	77,25	17,90	59,35	768,58
232,50	77,50	17,93	59,55	771,17
240,00	80,00	18,53	61,47	796,03
244,50	81,50	18,88	62,62	810,92
254,25	84,75	19,63	65,12	843,30
257,50	85,83	19,88	65,95	854,05
268,50	89,50	20,73	68,77	890,57
282,50	94,17	21,81	72,36	937,06
360,00	120,00	27,80	92,20	1 193,99

BARÊME DES PENSIONS

MONTANT TRIMESTRIEL DES PENSIONS — en francs	MONTANT TRIMESTRIEL DES PENSIONS — en piastres abondé au taux de 3f00	MONTANT TRIMESTRIEL DES PENSIONS — en piastres au taux du jour de paiement	ABONDEMENT — Différence entre le montant en piastres payé au taux du jour et celui de 3f00	MONTANT en francs de l'abondement
9,00	3,00	0,69	2,31	30,03
11,25	3,75	0,87	2,88	37,44
12,25	4,08	0,94	3,14	40,82
13,50	4,50	1,04	3,46	44,98
18,00	6,00	1,38	4,62	60,06
19,50	6,50	1,50	5,00	65,00
23,25	7,75	1,79	5,96	77,48
25,75	8,58	1,98	6,60	85,80
27,00	9,00	2,08	6,92	89,96
28,25	9,42	2,17	7,25	94,25
29,25	9,75	2,25	7,50	97,50
30,00	10,00	2,31	7,69	99,97
31,50	10,50	2,42	8,08	105,04
34,75	11,58	2,67	8,91	115,83
36,00	12,00	2,77	9,23	119,99
37,12	12,37	2,86	9,51	123,63
37,50	12,50	2,88	9,62	125,06
38,50	12,83	2,96	9,87	128,31
39,00	13,00	3,00	10,00	130,00
42,25	14,08	3,25	10,83	140,79
44,06	14,69	3,39	11,30	146,90
44,75	14,92	3,44	11,48	149,24
45,00	15,00	3,46	11,54	150,02
46,50	15,50	3,58	11,92	154,96
48,75	16,25	3,75	12,50	162,50
50,50	16,83	3,88	12,95	168,35
51,00	17,00	3,92	13,08	170,04
51,50	17,17	3,96	13,21	171,73
51,75	17,25	3,98	13,27	172,51
52,00	17,33	4,00	13,33	173,29
52,25	17,42	4,02	13,40	174,20
52,50	17,50	4,04	13,46	174,98
52,75	17,58	4,06	13,52	175,76
53,00	17,67	4,08	13,59	176,67
53,25	17,75	4,10	13,65	177,45
53,50	17,83	4,12	13,71	178,23
53,75	17,92	4,13	13,79	179,27
54,00	18,00	4,15	13,85	180,05
54,25	18,08	4,17	13,91	180,83
54,50	18,17	4,19	13,98	181,74
54,75	18,25	4,21	14,04	182,52
55,00	18,33	4,23	14,10	183,30
55,25	18,42	4,25	14,17	184,21
55,50	18,50	4,27	14,23	184,99
55,75	18,58	4,29	14,29	185,77
56,00	18,67	4,31	14,36	186,68
56,25	18,75	4,33	14,42	187,46
56,50	18,83	4,35	14,48	188,24
56,75	18,92	4,37	14,55	189,15

MONTANT TRIMESTRIEL DES PENSIONS — en francs	en piastres abondé au taux de 3f00	en piastres au taux du jour de paiement	ABONDEMENT — Différence	MONTANT en francs de l'abondement
57,00	19,00	4,38	14,62	190,06
57,25	19,08	4,40	14,68	190,84
57,50	19,17	4,42	14,75	191,75
57,75	19,25	4,44	14,81	192,53
58,00	19,33	4,46	14,87	193,31
58,25	19,42	4,48	14,94	194,22
58,50	19,50	4,50	15,00	195,00
58,75	19,58	4,52	15,06	195,78
59,00	19,67	4,54	15,13	196,69
59,25	19,75	4,56	15,19	197,47
59,50	19,83	4,58	15,25	198,25
59,75	19,92	4,60	15,32	199,16
60,00	20,00	4,62	15,38	199,94
60,75	20,25	4,67	15,58	202,54
61,00	20,33	4,69	15,64	203,32
61,25	20,42	4,71	15,71	204,23
61,50	20,50	4,73	15,77	205,01
61,75	20,58	4,75	15,83	205,79
62,00	20,67	4,77	15,90	206,70
62,50	20,83	4,81	16,02	208,26
63,00	21,00	4,85	16,15	209,95
63,25	21,08	4,87	16,21	210,73
63,50	21,17	4,88	16,29	211,77
63,75	21,25	4,90	16,35	212,55
64,00	21,33	4,92	16,41	213,33
64,25	21,42	4,94	16,48	214,24
64,50	21,50	4,96	16,54	215,02
64,75	21,58	4,98	16,60	215,80
65,00	21,67	5,00	16,67	216,71
66,00	22,00	5,08	16,92	219,96
66,50	22,17	5,12	17,05	221,65
68,25	22,75	5,25	17,50	227,50
68,50	22,83	5,27	17,56	228,28
68,75	22,92	5,29	17,63	229,19
69,50	23,17	5,35	17,82	231,66
70,75	23,58	5,44	18,14	235,82
71,00	23,67	5,46	18,21	236,73
72,00	24,00	5,54	18,46	239,98
73,00	24,33	5,62	18,71	243,23
73,50	24,50	5,65	18,85	245,05
76,25	25,42	5,87	19,55	254,15
76,75	25,58	5,90	19,68	255,84
77,25	25,75	5,94	19,81	257,53
78,00	26,00	6,00	20,00	260,00
80,75	26,92	6,21	20,71	269,23
81,00	27,00	6,23	20,77	270,01
81,25	27,08	6,25	20,83	270,79
82,25	27,42	6,33	21,09	274,17
83,25	27,75	6,40	21,35	277,55

MONTANT TRIMESTRIEL DES PENSIONS — en francs	en piastres abondé au taux de 3f00	en piastres au taux du jour de paiement	ABONDEMENT — Différence	MONTANT en francs de l'abondement
83,50	27,83	6,42	21,41	278,33
83,75	27,92	6,44	21,48	279,24
84,75	28,25	6,52	21,73	282,49
85,75	28,58	6,60	21,98	285,74
87,75	29,25	6,75	22,50	292,50
88,50	29,50	6,81	22,69	294,97
88,75	29,58	6,83	22,75	295,75
89,00	29,67	6,85	22,82	296,66
90,00	30,00	6,92	23,08	300,04
90,75	30,25	6,98	23,27	302,51
91,25	30,42	7,02	23,40	304,20
92,00	30,67	7,08	23,59	306,67
92,25	30,75	7,10	23,65	307,45
92,50	30,83	7,12	23,71	308,23
93,00	31,00	7,15	23,85	310,05
94,50	31,50	7,27	24,23	314,99
96,50	32,17	7,42	24,75	321,75
97,25	32,42	7,48	24,94	324,22
97,50	32,50	7,50	25,00	325,00
98,75	32,92	7,60	25,32	329,16
99,00	33,00	7,62	25,38	329,94
100,00	33,33	7,69	25,64	333,32
101,50	33,83	7,81	26,02	338,26
102,00	34,00	7,85	26,15	339,95
102,25	34,08	7,87	26,21	340,73
102,50	34,17	7,88	26,29	341,77
103,00	34,33	7,92	26,41	343,33
103,50	34,50	7,96	26,54	345,02
104,00	34,67	8,00	26,67	346,71
104,25	34,75	8,02	26,73	347,49
104,75	34,92	8,06	26,86	349,18
105,00	35,00	8,08	26,92	349,96
105,75	35,25	8,13	27,12	352,56
106,75	35,58	8,21	27,37	355,81
107,25	35,75	8,25	27,50	357,50
108,00	36,00	8,31	27,69	359,97
108,25	36,08	8,33	27,75	360,75
108,50	36,17	8,35	27,82	361,66
113,00	37,67	8,69	28,98	376,74
114,75	38,25	8,83	29,42	382,46
115,75	38,58	8,90	29,68	385,84
116,00	38,67	8,92	29,75	386,75
116,25	38,75	8,94	29,81	387,53
117,00	39,00	9,00	30,00	390,00
120,00	40,00	9,23	30,77	400,01
125,00	41,67	9,62	32,05	416,65
126,00	42,00	9,69	32,31	420,03
126,75	42,25	9,75	32,50	422,50
127,50	42,50	9,81	32,69	424,97

MONTANT TRIMESTRIEL DES PENSIONS — en francs	en piastres abondé au taux de 3f00	en piastres au taux du jour de paiement	ABONDEMENT — Différence	MONTANT en francs de l'abondement
127,75	42,58	9,83	32,75	[illegible]
128,75	42,92	9,90	33,02	[illegible]
135,00	45,00	10,38	34,62	[illegible]
136,50	45,50	10,50	35,00	[illegible]
137,25	45,75	10,56	35,19	[illegible]
139,50	46,50	10,73	35,77	[illegible]
141,25	47,08	10,87	36,21	[illegible]
141,50	47,17	10,88	36,29	[illegible]
144,00	48,00	11,08	36,92	[illegible]
146,25	48,75	11,25	37,50	[illegible]
151,25	50,42	11,63	38,79	[illegible]
153,00	51,00	11,77	39,23	[illegible]
155,25	51,75	11,94	39,81	[illegible]
156,00	52,00	12,00	40,00	[illegible]
162,00	54,00	12,46	41,54	[illegible]
162,75	54,25	12,52	41,73	[illegible]
165,75	55,25	12,75	42,50	[illegible]
167,25	55,75	12,87	42,88	[illegible]
169,50	56,50	13,04	43,46	[illegible]
171,00	57,00	13,15	43,85	[illegible]
174,25	58,08	13,40	44,68	[illegible]
175,50	58,50	13,50	45,00	[illegible]
180,00	60,00	13,85	46,15	[illegible]
180,25	60,08	13,87	46,21	[illegible]
183,75	61,25	14,13	47,12	[illegible]
185,25	61,75	14,25	47,50	[illegible]
186,00	62,00	14,31	47,69	[illegible]
193,00	64,33	14,85	49,48	[illegible]
195,00	65,00	15,00	50,00	[illegible]
197,75	65,92	15,21	50,71	[illegible]
204,00	68,00	15,69	52,31	[illegible]
206,00	68,67	15,85	52,82	[illegible]
209,25	69,75	16,10	53,65	[illegible]
211,75	70,58	16,29	54,29	[illegible]
216,00	72,00	16,62	55,38	[illegible]
219,00	73,00	16,85	56,15	[illegible]
221,00	73,67	17,00	56,69	[illegible]
225,00	75,00	17,31	57,69	[illegible]
226,00	75,33	17,38	57,95	[illegible]
231,75	77,25	17,83	59,42	[illegible]
232,50	77,50	17,88	59,62	[illegible]
240,00	80,00	18,46	61,54	[illegible]
244,50	81,50	18,81	62,69	[illegible]
254,25	84,75	19,56	65,19	[illegible]
257,50	85,83	19,81	66,02	[illegible]
269,85	89,95	20,76	69,19	[illegible]
282,50	94,17	21,73	72,44	[illegible]
360,00	120,00	27,69	92,31	[illegible]